Basic cooking

Cuisine orientale entre copains

SOLAR

Cornelia Schinharl   Sebastian Dickhaut

Basic Cooking

Sommaire

Première partie :

Ce qu'il faut savoir page 4

La nouvelle tendance : l'Orient **page 6**
17 saveurs de l'Orient page 9
1001 épices & arômes page 12
Pains & céréales page 14
Légumes & légumes secs page 16
Fruits secs & fruits frais page 18
Thé & café page 20

Secrets d'Orient **page 22**
17 secrets des 1001 nuits page 24
Dans la cuisine page 28
Lorsqu'on est invité page 30

Deuxième partie :

Les recettes page 32

Mezze & salades **page 34**
Infos pratiques page 36
Recettes page 38

Cuisine de la rue **page 56**
Infos pratiques page 58
Recettes page 60

Légumes & légumes secs **page 72**
Infos pratiques page 74
Recettes page 76

Couscous, riz & Cie **page 92**
Infos pratiques page 94
Recettes page 96

Viandes & volailles **page 110**
Infos pratiques page 112
Recettes page 114

Poissons **page 128**
Infos pratiques page 130
Recettes page 132

Desserts & douceurs **page 142**
Infos pratiques page 144
Recettes page 146

Index page 156

من أين جئت

d'où viens-tu ?

מאין אתה?

du Proche-Orient.

Lorsqu'ils font connaissance, les Européens demandent : « Que fais-tu dans la vie ? » En Orient, la première question est : « D'où viens-tu ? » Alors, soyons aussi un peu orientaux et jouons aux devinettes : abricot, estragon, cannelle, sucre… lequel de ces termes vient de l'arabe ? Réponse : tous les quatre. De même que café, massepain, muscade, sirop et sorbet. Finalement, l'Orient nous est bien proche.

Poursuivons notre petit tour de la cuisine et de son histoire en passant par le placard aux épices : sans les marchands de Constantinople, il serait presque vide ; le tiroir à couteaux : sans les forges de l'Orient, il n'y aurait rien dedans ; le livre de cuisine : sans les chiffres arabes, les quantités seraient toujours mesurées au jugé. Alors, rendez-vous au restaurant marocain qui fait le meilleur couscous du coin ! Ce plat est l'un des mets préférés des Français. Preuve est faite : l'Orient n'est pas seulement proche, ça fait longtemps qu'il est là.

L'Orient est la nouvelle tendance ! Les mezze (voir à partir de la p. 34) remplacent peu à peu les sushis et les tapas ; les gourmets redécouvrent la cuisine turque ; les « branchés » ne rêvent plus que d'Afrique du Nord, de couscous et de narguilé. Alors suivons la mode avec de merveilleuses recettes et de fabuleuses histoires du Proche-Orient. Nous avons cuisiné avec Saïd qui nous a tout dit sur le *ras-el-hanout*, nous avons fait des gâteaux avec Hassan et découvert les secrets du pain azyme, nous avons bu le moka avec Pedram qui nous a parlé de la vie en Iran. Pour nous, une chose est claire, l'Orient crée des liens : entre la Méditerranée et l'Asie, entre nos hôtes généreux et leurs invités, entre nos amis et nous.

Bien sûr, beaucoup de choses nous sont restées étrangères. Il y a alors une solution : partager un bon repas et se demander : « D'où viens-tu ? » La réponse est souvent sur le bout de la langue.

basic

Ce qu'il faut savoir

basic

La nouvelle tendance : l'Orient !

Cela fait longtemps déjà que nous avons découvert la cuisine italienne et élevé la pizza et les spaghetti au rang de nos plats préférés. Avec le curry et le wok, notre faible pour la cuisine asiatique s'est transformé en véritable habitude culinaire. Alors, que pourrions-nous trouver de nouveau ? Voyons... quelle est cette région comprise entre la Méditerranée et l'Asie ? L'Orient, bien sûr ! Voilà la nouvelle tendance. Au-delà du phénomène de mode, nous assisterons peut-être à la renaissance d'une vraie amitié. L'Orient ne fut-il pas le premier amour des cuisines d'Europe centrale ? Bien avant que les Amériques ne nous donnent la pomme de terre et l'Italie la pizza, il nous gâtait déjà avec les oranges de Chine, la cannelle de Ceylan, les figues, le café et les pistaches de ses jardins. L'Orient nous a fait connaître le monde merveilleux des épices et du marchandage, il a enrichi nos vies de couleurs et de sagesse, nous a appris la vraie hospitalité. Et il en reste encore beaucoup à découvrir ! Alors, prenons sans hésiter la route des merveilleuses saveurs et senteurs de l'orient !

17
saveurs de l'Orient

Sésame

Plus encore que le pavot, le sésame est une des clés de la cuisine orientale : sous forme de pâte dans le *tahini*, de graines dans le pain, mélangé à des noix et des épices dans la *dukkah* ou encore bien sucré dans les gâteaux au miel et le *halwa*. Les graines de sésame émondées et fraîchement grillées sont les plus courantes. Il existe également des graines brunes, non émondées, ou du sésame noir, plus huileux et utilisé en guise de décoration.
C'est magique avec : le miel + le cumin + les crêpes + le yaourt.

Aubergine

Cette native de l'Inde au nom français est connue dans tout le bassin méditerranéen. En Orient, où on la désigne comme le « caviar des pauvres », elle est une véritable star. Toutes les recettes, ou presque, l'utilisent. Elle donne du corps aux épices, de la substance aux plats végétariens et de l'arôme aux préparations telles que le *babaganoush* ou l'*imam bayildi*. La saupoudrer de sel empêche qu'elle absorbe trop de graisse pendant la cuisson, ce qui est dommage lorsque l'huile d'olive est bonne.
C'est magique avec : l'ail + l'huile d'olive + le fromage de chèvre + la viande hachée + le cumin.

Citron

Sans lui, cette collection d'ouvrages n'existerait pas, pas plus que les bazars ou les jardins d'Orient. Son jus acidule le taboulé et aromatise les grillades. Avant son apparition dans nos contrées, il fallait faire appel à la grenade, aux raisins verts ou au sumac pour un résultat équivalent. Le citron confit au sucre ou au sel est une invention entièrement orientale.
C'est magique avec : les herbes aromatiques (jus) + les épices (zeste) + le ragoût (citron confit au sel).

Yaourt

Le yaourt ? Sous nos latitudes, il est souvent associé aux joggers pressés en mal de probiotiques. En Orient, le *yog'urt* ressemble toujours à celui que les peuples turcs d'Asie avaient exporté de Constantinople vers les pays du soleil levant. Son acidité compense un taux de graisses élevé. Il peut être fait à partir de lait de brebis ou de chèvre, voire de chamelle. Le « ketchup de l'Orient » est idéal pour les sauces froides, les marinades et le *labane* – du yaourt égoutté, roulé et séché.
C'est magique avec : le concombre + la menthe + le miel + l'eau de rose.

Persil

On savait déjà que les petites branches vertes crépues pouvaient servir à autre chose qu'à décorer les assiettes de charcuterie ou à agrémenter les pommes de terre vapeur. Mais de là à imiter les Orientaux et à en mettre des brassées dans le taboulé, le pain azyme ou la viande hachée, il nous reste encore du chemin à parcourir ! Le persil est l'herbe aromatique par excellence de l'Orient et peut être associé à n'importe lequel des ingrédients de cette double page.
C'est magique avec : la menthe + la coriandre + l'ail + le sumac + le citron + les raisins secs.

Sultanines

Le nom de ces raisins secs évoque l'Orient à lui tout seul, bien plus encore que ceux de Corinthe ou de Malaga. Principalement originaires de Turquie, ces fruits doux et sucrés, dépourvus de toute trace de soufre, sont les meilleurs des raisins secs. Les sultanines sont souvent dégustées telles quelles ou utilisées dans les recettes sucrées, mais elles agrémentent également de nombreux plats épicés.
C'est magique avec : les pignons de pin + l'anis + le riz + les épinards + les carottes + l'agneau + les coings.

Ail

Indispensable, même si l'aïoli, le *tzatziki* ou les spaghetti à l'huile d'olive et à l'ail viennent de l'autre bord de la Méditerranée. Chez les Ottomans et les Perses, l'ail n'était qu'un savoureux à-côté. Les paysans et les bédouins l'utilisaient pour renforcer l'arôme des plats. On le trouve dans le *cacik* turc, une salade de concombres, ou dans la harissa.
C'est magique avec : les œufs brouillés + le couscous + les noix + le persil et la menthe (mâchés pour rafraîchir l'haleine après un plat contenant de l'ail).

Abricot

Y a-t-il plus triste que d'enfermer des abricots dans des boîtes de conserve et de les noyer dans le sirop ? Oui. Les cueillir trop tôt. Ils sont alors tellement fades et farineux qu'on a peine à imaginer la douce séduction qu'ils peuvent exercer dans les salades, les ragoûts et les desserts d'Orient. Mieux vaut alors les prendre secs : sombres et sucrés, dans leur version authentique, ou plus clairs, soufrés et acidulés.
C'est magique avec : le persil + le yaourt + le piment + le fromage de chèvre + l'agneau + les amandes.

Pistaches

À l'époque où la boule de glace coûtait encore moins de 1 euro, le mystérieux vert pistache donnait un goût d'aventure à nos cornets. Aujourd'hui encore, picorer ces « noix de Perse » à l'heure de l'apéritif, évoque les fastes orientaux du passé. La pistache est bien mûre lorsque son écorce baille (on dit qu'elle est « souriante »), elle est bien fraîche lorsque sa peau est rougeâtre et elle est hors de prix lorsqu'elle est nue et verte. Grillée, elle ne peut plus servir en cuisine.
C'est magique avec : le sel de citron + les olives + le massepain + le miel.

17 saveurs de l'Orient

Miel

Le miel fait partie du petit déjeuner traditionnel dans les pays d'Orient, mais son utilisation ne s'arrête pas là. Le produit des abeilles et des fleurs sert depuis toujours à adoucir mets et boissons. Jusqu'à la découverte du sucre de canne, il était un symbole aromatique de richesse et de fécondité, immortalisé dans les desserts, les gâteaux, les salades, les sauces ou les ragoûts.
C'est magique avec : la menthe + le thym + le fromage frais + les carottes + les amandes + la cannelle.

Huile

L'Orient et son huile, voilà un sujet aussi sensible politiquement que culinairement. Autrefois issue de graines de sésame, elle était utilisée indifféremment pour s'éclairer ou pour cuisiner. Puis vint l'olive et, avec elle, l'huile d'olive, véritable fondement de la cuisine orientale. Elle est souvent remplacée, aujourd'hui, par l'huile de tournesol. Au Maroc, l'huile est plutôt fabriquée à partir du fruit de l'argan (pour en savoir plus, voir page suivante).
C'est magique avec : les figues, le fromage frais, le persil (huile d'olive) + les pâtes, le riz, le couscous (huile d'argan).

Fromage

En Orient aussi, le lait est apprécié au petit déjeuner, le plus souvent sous forme de fromage frais de chèvre ou de brebis. Il se fabrique presque de lui-même, sous l'effet de la chaleur, et se conserve bien mieux que le lait. Il se solidifie lorsqu'il est plongé dans la saumure, comme le fromage de brebis turc, et devient complètement ferme lorsqu'on le cuit à l'eau, comme le *halloum* libanais.
C'est magique avec : la menthe + le poivre de Sichuan + les noix + les olives + le melon + le miel.

Chachlik

Entre le Caucase et le Bosphore, là où l'Asie et l'Europe, les Balkans et l'Orient s'entremêlent, se trouve la patrie du *chachlik*, célèbre brochette de viande et de légumes. Tout comme le yaourt, cette recette vient des peuples turcs qui émigrèrent d'Asie vers Byzance (Istanbul). De nos jours, on grille le *chiche-kebab* (brochette de viande) jusqu'au Maroc, de préférence avec de l'agneau.
C'est magique avec : une brochette d'agneau et fromage de chèvre + une brochette de pain et tomates + une brochette de figues et olives.

Cannelle

On pourrait presque croire qu'elle ne sert qu'aux desserts, tant elle est proche du sucre. Pourtant, la cannelle, l'épice orientale « par excellence », s'associe volontiers aux mets salés, acidulés ou pimentés. Il s'agit de l'écorce séchée et roulée d'un laurier de Ceylan. Les marchands orientaux furent les premiers à reconnaître la valeur de cette épice pour le reste du monde. Pour profiter pleinement de sa saveur, pilez les bâtonnets au fur et à mesure de vos besoins ou ajoutez-les en entier à la cuisson.
C'est magique avec : du vinaigre de framboise + de l'huile d'olive + le velouté de tomate + les carottes + les steaks hachés.

Sardines

Le thon au naturel et les anchois ont presque détrôné la bonne vieille sardine à l'huile. Pourtant, les jeunes sardines longuement marinées dans l'huile d'olive sont toujours un véritable délice. Particulièrement appréciés dans le Maghreb, les « harengs du sud » sont grillés au barbecue lorsqu'ils ne pèsent pas plus de 100 grammes.
C'est magique avec : de l'aneth + une omelette + des tomates + des olives + des raisins secs + du citron + des oranges.

Lentilles

En Orient, on met des lentilles dans la soupe, écrasées ou entières. On les trouve aussi dans les sauces froides, les salades, les ragoûts, les purées, etc. Elles sont également les bienvenues comme accompagnement principal, remplacent la viande ou la sauce, mettent les épices en valeur, se conservent indéfiniment et cuisent particulièrement vite comparées aux autres légumes secs, surtout les lentilles roses typiques des pays d'Orient.
C'est magique avec : la coriandre + la menthe + l'ail + l'huile d'olive + le jus d'orange + la cannelle.

Menthe

Elle rafraîchit et purifie l'haleine, les mâcheurs de chewing-gum le savent, ainsi que les Orientaux qui la consomment fraîche après le repas ou à l'apéritif, dans le thé sucré. Si ce dernier a un goût de chewing-gum, c'est qu'il a été fait avec de la menthe poivrée. En cuisine, il est préférable d'utiliser des variétés plus épicées, telle la menthe nana qui offre un contraste intéressant avec les plats pimentés et mijotés. On trouve aussi de la menthe séchée en Orient.
C'est magique avec : des olives + du fromage de brebis + la choucroute + le piment + les lentilles + les noisettes + le melon.

1001 épices & arômes

Il suffit de respirer une pincée de cannelle pour que commence le fabuleux voyage à travers le temps et le monde des épices.

« Le contenu de nos placards n'a rien de bien renversant : du poivre, bien entendu, et de la noix de muscade pour la purée. Un peu de curry pour les plats indiens, de la cannelle pour la tarte aux pommes. Pas de quoi fouetter un chat. Et pourtant, ces modestes ingrédients ont engendré certaines des plus grandes fortunes du monde, provoqué quelques-unes des faillites les plus retentissantes, entraîné des découvertes étonnantes et des guerres sans merci. Signalons qu'autrefois, 1 kilo de fleurs de muscade valait une vache, que l'Amérique n'a été découverte qu'à cause du curry et que l'on croyait que la cannelle venait de nids d'oiseaux géants, originaires d'Arabie. Tel est le monde merveilleux des épices. Le mieux est encore de prendre une pincée de cannelle, de fermer les yeux, de s'imprégner de son parfum et de se laisser transporter. Mmm... »

En suivant la route des épices

Pendant des siècles, les caravanes venues de Mésopotamie, de Babylone et de Perse se succédèrent en Asie où elles se fournissaient en épices parmi les plus exotiques. Au début, il s'agissait seulement de se procurer la cannelle de Ceylan parfumée et la muscade de l'actuelle Indonésie pour les rapporter au pays et enrichir les saveurs communes de l'aneth, du fenouil, de la cardamome, du cumin, du safran et du thym. Mais les célèbres routes des épices des marchands orientaux ne tardèrent pas à s'étirer jusqu'à la Méditerranée. La précieuse marchandise était chargée à bord de navires à destination de l'Europe où elle était vendue à prix d'or. Les premiers à s'enrichir ainsi furent les Arabes (pour protéger leur monopole, ils eurent l'idée de ces effrayantes histoires au sujet des oiseaux géants), mais ils furent bientôt rejoints par les Turcs.

En résumé, à partir du XIe siècle, croisés et pèlerins d'Europe se retrouvèrent en Orient et découvrirent le monde merveilleux des épices. Ils continuèrent de les apprécier une fois rentrés chez eux, ce qui fit la richesse des Vénitiens désormais seuls à gérer le négoce entre l'Orient et l'Occident à travers leur port. Plus tard, les Ottomans fermèrent la route des épices à leur seul profit. Les Portugais décidèrent alors de contourner l'Afrique par le sud pour atteindre la source des épices en Inde et en Indonésie et s'y servir eux-mêmes. Christophe Colomb tenta d'y parvenir par l'ouest pour le compte de l'Espagne, mais ne fit que découvrir l'Amérique. Il en rapporta tout de même le piment qui, dès son arrivée en Orient, fut aussitôt inscrit au répertoire des épices.

Les basiques orientaux :

Mélanges d'épices

Les Orientaux ont toujours excellé dans l'art de marier des arômes opposés pour transformer un simple plat en repas de fête. La brochette d'agneau ou le tajine aux légumes, par exemple, ne provoqueraient aucun enthousiasme si on n'y rajoutait un peu de *ras-el-hanout*, une poignée de coriandre ou quelques gouttes d'eau de rose comme c'est le cas au Maroc, une des sources d'inspiration de la mode de la cuisine orientale. Notre exemple révèle encore un point essentiel : en Orient, la saveur ne vient pas seulement des épices, mais aussi des herbes aromatiques fraîches sans lesquelles le taboulé ou les mezze n'auraient aucun intérêt.
Le royaume des arômes orientaux ne s'arrête pas là : il compte encore les fleurs et leurs distillats, ainsi que les fruits dont la peau, la chair, le jus et parfois même les pépins sont utilisés pour relever les plats. Il n'est pas rare qu'une recette salée comporte des fruits qui l'enrichissent de leur saveur sucrée, acidulée ou âpre.

Un mot encore au sujet des épices : leur arôme est le plus intense lorsqu'elles sont entières et grillées, puis réduites en poudre juste avant leur utilisation. Dans ce cas, pourquoi les photos de bazars orientaux montrent-elles toujours des sacs d'épices moulues ? Tout d'abord parce qu'un tas de curcuma en poudre, d'un beau jaune lumineux, est plus photogénique que la matière première, une racine de couleur brune. Ensuite parce que la poudre issue de racines fraîchement séchées au soleil sur le toit d'une maison se vend si rapidement que son arôme n'a pas le temps de s'évaporer. Pour une consommation plus modérée, il est conseillé de piler les épices peu avant de les incorporer au plat. Les épices en poudre comme le gingembre ou le curcuma doivent être conservées au frais, dans un endroit sombre et sec. Retirez les bocaux en verre transparent du rebord de la hotte aspirante et rangez-les ailleurs.

Épices

Indispensables : piment, cardamome (elle reste fraîche plus longtemps dans sa capsule), coriandre, cumin (très différent du carvi, également originaire d'Orient et utilisé dans certaines recettes), noix muscade, clous de girofle, au moins un mélange comme le *baharat*, le *ras-el-hanout* ou le *zaatar* (voir page 113), *pul biber* (mélange turc de piments et de poivrons séchés et moulus), safran, sumac (baie brune, légèrement acidulée, souvent grossièrement hachée) et cannelle.

En option : graines de fenugrec (jaunes, légèrement amères, présentes dans les mélanges orientaux et le curry), gingembre (séché et moulu), graines de fenouil, curcuma (pour donner de la couleur au curry), fleur de muscadier, cumin noir (ou nigelle, plus amer que le cumin).

Arômes

Huile d'argan (huile précieuse, rare et chère, issue de l'arganier marocain, au goût de sésame et de noisette ; quelques gouttes suffisent pour obtenir son plein arôme), **eau de fleur** (essentiellement de rose, d'oranger ou de lavande, pour les desserts et les boissons), **grenade** (les pépins et le jus servent dans les salades et les ragoûts, comme en Iran), **harissa** (pâte de piment nord-africaine, voir la recette page 95), **citrons confits dans le sel** (recette nord-africaine à découvrir page 131), ***smen*** (beurre clarifié et salé, parfois épicé, qui mûrit – certains disent rancit – à la chaleur, donnant sa saveur et son arôme à certains plats nord-africains).

Herbes

Aneth, coriandre (très importante en Afrique du Nord), laurier, menthe (surtout la menthe nana), persil et thym sont obligatoires ; basilic (en Perse), origan, romarin et sauge sont moins souvent utilisés.

من أين جئت

D'où viens-tu…

מאין אתה?

…eau de rose ?

Elle serait originaire de la région d'Ispahan. Il y a trois mille ans, les Perses savaient déjà comment la distiller pour en conserver l'arôme dans des flacons (même si certains prétendent que cette découverte est due aux Arabes, mille ans plus tard). Quoi qu'il en soit, on doit son existence à l'huile essentielle de rose. Cette dernière ne peut être obtenue qu'en passant les feuilles de rose à la vapeur d'eau et en recueillant le liquide une fois refroidi. C'est le seul moyen de dissocier la précieuse huile, si recherchée par les parfumeurs français. L'eau de rose est le résidu de ce processus. On la trouve dans tout l'Orient, associée au miel, à la cardamome ou à des fruits mûrs. Sa variante, l'eau de fleur d'oranger, est plus souvent associée aux plats pimentés.

& Pains céréales

En Orient, peu importent l'endroit ou l'heure, il y a toujours un morceau de pain frais qui attend le visiteur. Quant aux céréales, elles sont ici chez elles.

Les Français peuvent se targuer d'être les champions du monde en matière de diversité des pains, mais nulle part ailleurs qu'en Orient, le pain ne s'impose avec une telle évidence à table, où il s'associe à tout ce qui vient de la cuisine, quelle que soit l'heure de la journée. Comme par magie, son parfum imprègne déjà la maison orientale traditionnelle lorsqu'on ouvre les yeux pour la première prière du jour. Derrière cette magie : la maîtresse des lieux. Elle prépare souvent la pâte la veille, puis envoie sa fille au lever du soleil chez le boulanger du village. Certaines familles cuisent encore le pain elles-mêmes. D'autres, surtout en ville, l'achètent comme nous chez le boulanger, sauf qu'elles n'y vont pas une fois de temps en temps, mais pour chaque repas. Chez les Orientaux, deux règles simples régissent la consommation du pain : il doit être frais (mais ne le reste pas très longtemps) et fini à la tombée de la nuit. C'est une question de respect envers ce don de Dieu et cet objet de culte commun à toutes les religions de l'Orient.

Divine *pita*

Même sans bénédiction, un pain oriental peut nous faire monter au septième ciel. Pour les Orientaux, il en existe des centaines de sortes, du point de vue des Européens, seule compte souvent la *pita*, faite avec de la pâte levée. Bien entendu, les connaisseurs savent apprécier les différences. Il y a le pain arrondi d'un seul côté, à la croûte molle (à cause du film plastique qui le protège) et à la mie évoquant celle du pain de mie. Il aurait des ancêtres turcs, mais nous soupçonnons quelques générations de boulangers européens de l'avoir modifié. Il y a également la *pita* telle qu'on l'aime : mince et croustillante, bosselée et dorée, polie comme un bois noble, qui s'ouvre sans difficulté. L'intérieur sent légèrement la levure et s'écarte pour accueillir les sauces et les salades. Pour obtenir ce résultat, on enfourne la pâte crue dans un four très chaud, directement sur la pierre. Le pain brunit et lève à une telle vitesse qu'une poche se forme à l'intérieur. Il est alors idéal pour les mets à l'orientale. Ce pain ne s'utilise pas en tartines ou en sandwiches, il sert de récipient pour des farces délicates, d'assiette pour de délicieuses garnitures et, surtout, de couvert. Les amateurs en déchirent un morceau, le coincent, croûte vers l'extérieur, entre le pouce, l'index et le majeur, et s'en servent comme cuillère pour le *houmous* ou la soupe de lentilles, et comme fourchette pour le taboulé.

Les nomades du désert n'avaient même pas besoin d'un four pour cuire le pain. Ils se contentaient d'étaler les fines galettes faites de blé moulu et d'eau sur les pierres rougeoyantes du feu de camp ou sur une plaque en fer blanc disposée au-dessus des braises. Le résultat était une galette mince et croustillante, proche du pain fait de couches de pâte *yufka* ou *filo* que nous connaissons aujourd'hui. On découvrit (en Égypte, paraît-il) que la pâte devenait plus acide et plus légère en la laissant reposer, et ce fut la naissance du levain. Les Romains le remplacèrent plus tard par la levure. L'Inde donna au monde le four en terre appelé *tandoor*, transformé en *tandir* en Turquie, dans lequel les galettes cuisent, le bord collé à la paroi.

Les basiques orientaux :

Du couscous au riz

Les Orientaux vénèrent le pain parce qu'il vient directement de Dieu et qu'il est issu de leur sol. Le blé et son ancêtre, l'épeautre, trouvent leur origine en Arabie où les nomades berbères et bédouins récoltaient les graines et les faisaient sécher pour fabriquer toute une série de produits semi-finis – du boulgour au couscous. Ils progressèrent dans leur connaissance des espèces en se sédentarisant et en devenant agriculteurs. Encore une fois, les Égyptiens auraient été les précurseurs en la matière.

Si le millet d'Afrique n'a toujours joué qu'un rôle secondaire dans la cuisine orientale, le riz d'Asie, quant à lui, occupe le devant de la scène. Ce sont les Perses, toujours eux, qui ont offert ce produit indien au reste de l'Orient. Leurs plats de riz pleins de noix, de fruits, d'épices et de légumes sont aujourd'hui encore synonymes de gastronomie perse. Les Arabes et les Ottomans les ont répandus jusqu'en Égypte et au-delà. Pilafs et *tchelo*, préparés avec du riz long, doivent être aussi légers et aromatisés que le basmati indien. Le riz rond est utilisé pour les desserts tels que le gâteau de riz ou dans les feuilles de vigne farcies.

Pain & pâte

***Pide* et *pita* (turc), *khubz* (arabe), *eish shami* (égyptien), *kesrah* (marocain) :** galette de pain à pâte levée, ronde ou ovale, souvent parsemée de graines ou d'épices, et aérée ou vide à l'intérieur pour pouvoir être garnie.

***Simit* (turc) :** couronne de pâte levée recouverte de graines de sésame.

***Matzoth* :** galette de pâte non levée des juifs, mince et croustillante. Son origine remonte à l'exode d'Égypte vers la terre promise, quand les Israélites ne pouvaient plus préparer le levain.

***Fatta* :** plat arabe de pain (rassis) arrosé de bouillon de viande

***Fattouche* :** salade de pain (proche du taboulé) avec tomates, herbes aromatiques et citron, appréciée au Liban et en Syrie.

***Filo* (arabe), *yufka* (turc) :** pâte fine en plusieurs couches, utilisée pour le pain et les gâteaux. On la trouve chez les détaillants turcs ou grecs, ou encore au rayon des surgelés.

Céréales

Boulgour : blé précuit, séché et concassé. Trempé, il s'utilise pour la salade (taboulé) ou les boulettes de viande hachée (*kibbeh*).

Semoule : blé moulu en grains fins à grossiers, utilisé pour les gâteaux et les desserts (gâteau de semoule, *halwa*). Le *tarhana* (ou *kishk*), préparation à base de yaourt et de semoule séchée puis râpée, est utilisé pour lier les soupes, comme une sorte de roux oriental.

من أين جئت

D'où viens-tu…

מאין אתה?

…couscous ?

Il est originaire du Maghreb, ainsi que les Arabes appellent le « pays où le soleil se couche ». De leur point de vue oriental, l'Afrique du Nord est déjà l'Occident. Ils baptisèrent également « Berbères » les nomades locaux qui se nommaient eux-mêmes « hommes libres ». Pour ne pas dépendre de l'agriculture ou des boulangers, ces Berbères avaient besoin d'une nourriture facile à transporter. Ainsi fut inventé le couscous. Semoule et farine de blé dur sont mélangées à de l'eau et roulées lentement entre les doigts pour former des grains qui sont ensuite séchés. Les grains peuvent être gros, moyens ou fins. Le couscous est particulièrement apprécié dans cette dernière version. Selon la tradition, il est cuit à la vapeur dans un couscoussier, au-dessus d'un ragoût ou d'un simple bouillon, ce qui prend beaucoup de temps. Le couscous précuit a donc été inventé pour gagner du temps. Mais le plus aromatisé des deux est, bien sûr, le couscous à l'ancienne.

& Légumes légumes secs

Frais ou secs, vous trouverez tous les légumes qu'il vous faut à la devanture et dans les rayons d'une épicerie orientale.

Les mains pleines de légumes

L'habitude, chez l'épicier oriental, c'est de ressortir de la boutique avec un carton dans les mains et des sacs en plastique à chaque bras, remplis à ras bord de légumes frais qui n'ont pas eu le temps de vieillir et de se ratatiner. Les légumes ont une place importante dans la cuisine orientale et ils doivent être aussi frais que possible. Évitez les rayons fruits et légumes des supermarchés, souvent de qualité moindre. À défaut d'épicerie orientale au coin de votre rue, un bon marchand de primeurs pourra convenir. Sa marchandise vient souvent du même grossiste, et il ne la vend généralement pas plus cher. Cependant, si vous voulez que votre plat ait une saveur authentiquement orientale, c'est-à-dire ensoleillée et intense, nous vous conseillons de suivre la saison (en hiver, les poivrons n'ont aucun goût) et de fréquenter plutôt les magasins bio. Mais seulement si les légumes y sont aussi frais qu'à l'épicerie orientale !

L'épicerie orientale est une vraie caverne d'Ali Baba, pleine de secrets et d'objets inconnus. Pourtant, il est une chose qu'on n'y verra jamais : des légumes rangés à l'intérieur parce que dehors, c'est la rue. Voitures, pots d'échappement, poussières ? Quelle importance à côté de la déferlante d'aubergines violettes, d'épinards au vert profond, de poivrons tricolores et de tomates rutilantes qui orne le mur du magasin ? Une telle abondance de produits de la nature peut gonfler le cœur de joie comme le pain dans un four bien chaud, ce qui est forcément bon pour la santé. Et ce spectacle attire irrésistiblement le passant à l'intérieur de la boutique, ce qui est bon pour l'épicier… et pour le client… qui, au moins, n'est plus dans la rue.

Le monde polychrome des légumes secs

Il existe un rayon sur lequel le Marocain (ou le Libanais, le Turc, l'Iranien) est imbattable, c'est celui des légumes secs. Ces produits qui furent longtemps considérés comme prosaïques, fades et inintéressants, illuminent la boutique de leurs rouges, jaunes, oranges, verts, noirs et blancs unis, striés ou encore tachetés.

Situés entre les céréales et les légumes, ils fournissent à l'organisme nombre d'éléments également contenus dans la viande : des protéines, du fer, de la vitamine B. C'est pourquoi les lentilles séchées, les haricots, les petits pois et les pois chiches constituent, depuis des millénaires, les ingrédients de base de l'alimentation des peuples d'Afrique, d'Arabie et du reste de l'Orient. Les nomades les ramassaient en chemin, comme le blé, et les faisaient sécher dans leur cosse. Une fois cuisinés, ils tenaient lieu tout à la fois de viande, de légume et de sauce, même s'ils étaient servis sous forme de soupe, comme celle du ramadan aux pois chiches, ou de purée de haricots comme le *foul*, à la fois petit déjeuner, en-cas et plat national en Égypte.

En plus, les légumes secs exhalent les arômes les plus merveilleux. Ils mettent en valeur la plupart des épices d'Orient, qui conserveront leur vivacité grâce à quelques poignées d'herbes aromatiques hachées. Toutes les saveurs – salée, pimentée, acide, fruitée ou sucrée – peuvent s'unir à un plat de légumes secs. Un bâton de cannelle, une feuille de laurier, un piment, de l'ail, un zeste de citron ou quelques capsules de cardamome le transforment totalement. Il faut pourtant éviter d'ajouter du sel et de l'acidité en début de cuisson car les légumes secs durcissent à leur contact. Les règles de base pour les préparer sont les suivantes : plus ils sont gros et vieux, plus il leur faut de temps. Et cela commence dès le trempage. Recouvrez-les généreusement d'eau froide et laissez-les gonfler pendant une nuit (la plupart des fèves) ou 24 heures (les pois chiches). Pas le temps de laisser tremper ? Portez de l'eau non salée à ébullition et jetez-y les fèves ou les pois chiches pendant 3 minutes. Le temps de trempage s'en trouve réduit de moitié. Mais attention ! cette méthode modifie leur consistance et leur goût.

Les temps de cuisson sont plus difficiles à préciser. Les lentilles cuisent moins longtemps (moins d'une demi-heure pour les roses, moins d'une heure pour les vertes) que les fèves, tandis que les pois chiches sont les plus longs. La fraîcheur des légumes secs joue un rôle important. En Orient, les bazars proposent la récolte de l'année, mais avant qu'ils n'arrivent sous nos latitudes, il peut se passer un certain temps. Les produits proches de leur date de péremption, ou l'ayant déjà dépassée, doivent cuire beaucoup plus longtemps que prévu, ce qui ne les rend pas meilleurs. Vérifiez donc la date de péremption au moment de l'achat, ne faites pas de stocks et conservez les lentilles, les fèves, les petits pois et les pois chiches dans un endroit sec, sombre et frais après l'ouverture.

Les basiques orientaux :

Légumes secs

Lentilles : les roses et les blondes (sans la peau et séparées en deux) sont les plus typiques ; elles n'ont pas besoin de trempage et cuisent rapidement (moins de 30 minutes). Les lentilles brunes et vertes, dont la taille varie de celle des grains de caviar à celles des smarties, doivent être mises à tremper pour devenir plus tendres et cuire plus régulièrement (maximum 1 heure).

Fèves : jusqu'à la découverte des Amériques et de leur extraordinaire variété en fèves, la fève des marais était la seule connue en Afrique et en Europe. Elle se consomme fraîche en été (15 à 30 minutes de cuisson selon l'âge), après avoir été écossée et pelée. Le dolique de Chine (de couleur claire avec un point noir) et le haricot Borlotti (à taches rouges) viennent d'Amérique et cuisent au moins 1 heure et demie.

Légumes

Connus depuis la nuit des temps et originaires d'Orient, du bassin méditerranéen ou d'Inde : aubergines, artichauts, haricots verts, concombres, carottes et autres racines, chou blanc, bette, okra (graine charnue d'une espèce d'hibiscus, rappelant la courgette), épinards, oignons.

Connus depuis quelques centaines d'années et originaires d'Amérique : citrouille, maïs, poivron (surtout le poivron corne de bœuf), tomate, courgette.

من أين جئت

D'où viens-tu…

מאין אתה?

…pois chiche ?

Originaire d'Inde, puis implanté au Proche-Orient, il fut cultivé par les Égyptiens avant de parvenir jusqu'en Espagne. Ses cosses sont séchées puis battues pour obtenir les graines. Après un temps de trempage, elles sont cuites pour accompagner les plats de viande ou confectionner le *houmous*, grillées pour l'apéritif ou bien finement moulues en farine. Le nom de ce légume sec vient de l'ancien français *cice*, du latin *ciccum*, « objet sans valeur », le pois chiche étant souvent donné aux animaux.

& Fruits secs Fruits frais

Noisettes ou amandes ? Pignons ou fruits du palmier dattier ? Pistache ou grenade ? Par quoi commencer ?

Nous avons vu l'importance des légumes frais dans le chapitre précédent : à la devanture de la boutique, artichauts et aubergines incitent le passant à entrer et à enrichir ses achats de quelques pois chiches qui seront consommés à la mode orientale.
Les fruits frais, tout aussi importants, se savourent généralement après les fruits secs.

Avant tout, quelque chose à grignoter

En Orient, l'usage veut qu'une tasse de thé s'accompagne de quelques pistaches, d'une poignée de graines de tournesol grillées, voire de quelques amandes vertes salées. Ces fruits secs aux vertus apéritives contiennent des protéines et des bonnes graisses qui compensent l'absence fréquente de viande dans la cuisine orientale. C'est aussi pourquoi les desserts tels que le *baklava* ou les sauces piquantes telles que le *tarator* (sorte de *pesto* blanc, différent selon les régions) s'accompagnent toujours de noix et de graines.

Elles se grillent à sec dans la poêle ou au four, sur une plaque. Dans le cas des noisettes et des amandes, la peau brune et légèrement amère qui les enveloppe s'ôte ainsi plus facilement. Pour émonder les amandes, une autre technique, encore plus efficace, consiste à les jeter dans l'eau bouillante pendant 4 à 5 minutes, à les passer à l'eau froide et à les frotter, avant de les faire sécher au four à 100 °C pendant 10 à 15 minutes. Même si cela demande un peu plus de travail, pour réaliser des recettes orientales, il vaut toujours mieux prendre des fruits secs entiers et les hacher ou les moudre selon les besoins. Biscuits et gâteaux supportent les noisettes moulues ou les amandes effilées en sachet, mais leur manque d'arôme se révélera dans salades. La fraîcheur est un critère essentiel : dans leur coquille ou prêts à l'emploi, en sachet ou en conserve, la plupart des noix, pépins et graines peuvent se conserver pendant un an, voire au-delà de la date de péremption, mais ils ne sont réellement bons que pendant les six premiers mois, et même un mois ou deux pour les pignons de pin à la chair plus grasse. Ouverts, noix et pépins peuvent changer de goût au bout de quelques jours, surtout s'ils sont hachés. Vous les conserverez dans une boîte hermétiquement fermée, placée dans le réfrigérateur. Évitez de faire des réserves et videz vos stocks avant de faire de nouveaux achats.

Le fruit, véritable couronnement du repas

Pour un vrai repas à l'orientale, il ne faut pas lésiner sur les fruits. Dans le désert, des montagnes d'oranges, des poignées de figues ou une grosse pastèque ne sont pas seulement des signes extérieurs de richesse, ils simplifient aussi la question du dessert. Tout repas oriental digne de ce nom se conclut par un fruit bien mûr, souvent relevé de quelques gouttes d'eau de rose, d'un trait de jus de citron ou d'un peu de miel. Parfois, le fruit fait son apparition bien avant le dessert. La cuisine orientale mêle volontiers les saveurs fruitées, sucrées, acidulées, aux saveurs salées et épicées. En Iran, le riz s'enrichit de graines de grenade, tandis qu'en Turquie, le fromage de brebis est servi avec des figues. Ces deux fruits sont le symbole de la cuisine perse et ottomane, tout comme la datte symbolise la cuisine arabe et, plus généralement, orientale. Rendez-vous à la page suivante pour en savoir plus.

Les fruits secs, séchés au soleil de midi, qui donnaient autrefois leur force aux nomades

Les basiques orientaux :

Coquilles & graines

Noisettes : elles sont appréciées surtout en Turquie et en Égypte, dans le *halwa* et le miel turc, dans les sauces piquantes ou encore la *dukkah*, mélange de fruits secs et d'épices (voir recette page 37).

Noix : cultivées par les Perses qui les associaient volontiers aux grenades, elles sont aujourd'hui très appréciées en Turquie, par exemple dans les sauces.

Amandes : originaires de Perse et répandues dans tout l'Orient, parfois sous forme de massepain ou de lait d'amandes, elles sont délicieuses avec le poulet, le poisson et le riz. Succulentes mais plus rares : les amandes vertes salées peuvent être grignotées avec la coquille.

Pignons de pin : bien assortis aux raisins et aux grenades, ils sont parfaits avec les viandes et les légumes.

Graines de tournesol : émondées, grillées et salées, elles sont grignotées entre les repas, mais peuvent aussi enrichir salades et *mezze*. Pour les pistaches et le sésame, voir page 10.

au plus profond du désert, sont l'une des plus belles découvertes de la cuisine orientale. Aujourd'hui, dattes, figues, abricots ou raisins secs figurent dans de nombreux plats et tajines de l'Orient. Chez nous, on les trouve plus souvent dans le muesli. Ainsi la noix rencontre le fruit, l'Orient rencontre l'Occident et la boucle est bouclée.

Fruits frais

Grenades : originaires de Perse, elles sont acidulées (ancêtres du citron et du vinaigre) ou sucrées. Lorsqu'elles sont bien lourdes, ce qui est rarement le cas chez nous, elles contiennent beaucoup de jus et peuvent être pressées avec un presse-agrumes (attention aux taches !). Leurs graines se marient à tous les plats, leur jus rouge pâle peut être transformé en sirop de grenadine ou en mélasse plus épaisse.

Melons : l'Orient connaît surtout la pastèque, mais on y cultive un croisement très apprécié de melon jaune et de melon cantaloup. Ils se dégustent nature ou avec quelques gouttes d'eau de rose.

Coings : ils sont la base de la confiture originelle au miel, la *marmelata* espagnole, devenue chez nous la marmelade. Transformés en sirop ou en pâte, ils sont également utilisés entiers dans les plats mijotés.

Raisins : originaires de la région entre Tiflis et Téhéran. Les peuples d'Orient les transformaient volontiers en vin, comme l'atteste la Bible, jusqu'à ce que l'islam l'interdise. Ils sont aujourd'hui dégustés nature ou secs, tandis que leurs feuilles sont conservées dans le vinaigre.

Agrumes : venus de l'Extrême et du Proche-Orient. Les citrons verts sont souvent séchés et mijotés entiers, les citrons confits au sel (recette page 131) aromatisent de nombreux plats du Maghreb et la fleur d'oranger donne un savoureux distillat. Détail intéressant : le *Citrus sinensis* (citron chinois) s'est imposé chez nous sous son nom dérivé de l'arabe *naranji*, l'orange.

Pour les **abricots** et les **sultanines,** voir page 10.

من أين جئت

D'où viens-tu…

מאין אתה?

…datte ?

Fille du désert, elle est née à l'ombre des palmiers dans les oasis. On imagine le ravissement des premiers nomades lorsqu'ils découvrirent cette chair suave, mûrie au soleil. Pour faire l'expérience de cette saveur, l'Occidental aurait besoin d'un tapis volant. Car les dattes qui nous parviennent sont soit séchées, c'est-à-dire ridées et très sucrées, soit semi-fraîches, c'est-à-dire congelées immédiatement après la récolte. Bédouins et Berbères les apprécient également dans leur version séchée qui se conserve longtemps. Ils les dégustent le matin avec du fromage frais et de la *pita*. Elles appartiennent à une famille très vaste dont certaines espèces servent à faire du pain, d'autres de l'eau-de-vie. Cuisiniers et boulangers les unissent volontiers au riz, à la volaille, à l'agneau et à la viande hachée, ainsi qu'au massepain, aux amandes et aux pâtisseries.

& Thé Café

Le thé, pour tous les jours, le café, pour les jours de fête. Le thé est une nécessité, contre la soif, le café, un plaisir, une détente.

Certes, l'Orient est la patrie du café, mais il est plus encore le pays du thé. Sur une couverture dans une tente bédouine, chez le marchand d'épices à Marrakech, ou dans un restaurant marocain à Paris, le thé est une constante de la culture orientale. C'est avec lui qu'on accueille le client dans le souk, qu'on conclut une affaire autour d'une table de restaurant ou qu'on prend son petit déjeuner. Et c'est encore lui que l'on sirote le soir avant de se coucher.

Le thé donne le ton

Les images que nous associons à la consommation du thé n'existent pas en Orient. La théière n'est pas de porcelaine mais de métal, elle est posée sur un samovar ou directement sur le feu. On boit le thé dans un verre, non dans une tasse, et d'Istanbul à Marrakech, il est si sucré que les puristes en perdent leur latin. Le thé à l'orientale n'est pas pour eux, malgré tous les rituels qui s'y attachent.

Qu'en est-il du café ? Du moka et de l'arabica ? L'islam l'a-t-il banni de l'Orient comme il l'a fait avec le vin ? Non, au contraire. Les sages chantaient même ses louanges car l'effet de la caféine semblait remplacer avantageusement celui du diabolique alcool. Après avoir été découvert en Afrique et répandu par les Yéménites au XVe siècle, le café est devenu la boisson la plus populaire de la Caspienne à l'Atlantique.

Puis, il y a quatre siècles, il y a eu du nouveau. En Perse, les dirigeants qui sentaient gronder la révolte dans les cafés mirent l'arabica à l'index. Les feuilles de thé venues avec les caravanes d'Asie ne tardèrent pas à le remplacer. Le thé devint la nouvelle boisson nationale perse et fut vite adopté par les Ottomans.

Les marchands y trouvèrent eux aussi leur compte, surtout lorsqu'ils venaient d'Europe. Le thé des pays lointains leur ouvrit de nouveaux marchés bien plus lucratifs que ceux du café déjà bien représenté en Orient. (Précisons que l'Iran et la Turquie ont aujourd'hui leur propre production.) Les Marocains, par exemple, ne devinrent des buveurs de thé que lorsque l'Angleterre chercha un nouveau débouché pour ses livraisons d'Orient. De nos jours, ils ne peuvent plus se passer du Gunpowder vert de Chine qui sert à la confection de leur célèbre thé à la menthe. En revanche, au Proche-Orient, le thé noir est de rigueur. Entre les deux, on trouve toute une variété de thés aromatisés aux essences de fleur, au miel, aux graines d'anis et de fenouil, à l'origan, au romarin, au safran ou à la cannelle. Certains mélanges traditionnels n'ont même jamais vu une feuille de thé parce qu'ils sont fabriqués avec des morceaux de pomme, de l'hibiscus et des herbes médicinales.

Le jus obtenu avec le samovar russo-irano-turc ou la théière marocaine en métal est corsé et n'a donc nul besoin d'un darjeeling First Flush (récolte de printemps) ou d'un délicat thé vert japonais. Les boutiques orientales proposent toute une variété de thés, du turc original et plus rarement de l'iranien. Cependant, rien ne vous empêche de vous fournir chez un marchand de thé ou dans un magasin bio. La seule règle à suivre : moins c'est cher, moins c'est bon.

Le café annonce la musique

Pour les moments plus rares de la vie, l'Orient a le café, la boisson des jours fériés en famille ou des après-midi tranquilles au souk, à la table d'un café.

Celui qui lit le marc d'un *kahve* turc, ou qui goûte un arabica grillé dans les braises selon la tradition, découvre toute la saveur et l'intensité de l'Orient. Avec cette torréfaction spéciale et l'infusion longue de la poudre de café et du sucre dans la cafetière en cuivre, le moka prend un goût de caramel, de café et de terre. Attention toutefois à ne pas boire la gorgée de trop qui remplit la bouche de marc ! À ce stade, les tenants de l'ésotérisme retournent la tasse sur sa sous-tasse et attendent quelques instants pour lire l'avenir dans le marc.

Pour un moka préparé avec son marc, il faut un arabica très finement moulu. Vous le trouverez dans toutes les épiceries spécialisées et certains supermarchés. Les amateurs de moka insistent sur la nécessité d'utiliser un café fraîchement moulu. N'hésitez pas à poser la question à votre marchand de café. S'il est capable de moudre son arabica pour un moka parfait, il mérite toute votre confiance.

Les basiques orientaux :

Thé & café

Thé noir : il est plutôt consommé dans l'est de l'Orient. Il s'appelle *çay* en Turquie. Recette page 94.

Thé à la menthe : noir (à l'est) ou vert (dans le Maghreb), il est bouilli et servi avec des feuilles de menthe. Recette page 36.

Gunpowder : feuilles vertes ou noires, roulées en petites boules semblables à de la chevrotine. La version verte est utilisée pour le thé à la menthe marocain.

Thé à la pomme : thé turc très sucré fait de pommes séchées. Il est consommé froid ou chaud. Pour 4 à 6 personnes, laissez infuser 5 cuillères à café dans 1 litre d'eau bouillante pendant 10 minutes.

***Karkadeh* :** thé égyptien de couleur rouge intense, fait de fleurs de mauve ou d'hibiscus séchées et additionné de sucre ou d'eau sucrée. Laissez infuser 20 g de fleurs dans 1 litre d'eau froide pendant 4 heures. Mélangez 50 g de sucre avec 50 cl d'eau et portez à ébullition pendant environ 5 minutes. Ôtez les fleurs, ajoutez l'eau sucrée à l'infusion et dégustez glacé.

Samovar : grande bouilloire russe à robinet, destinée à fournir l'eau chaude du thé. Autrefois chauffé au charbon, le samovar est aujourd'hui électrique. Il permet de remplir la théière de table ou de rallonger un thé trop fort dans le verre. Surtout utilisé en Iran et en Turquie.

***Kahve* :** c'est le nom turc du café préparé avec son marc dans une petite cafetière appelée *cezve* (*canaka* en arabe). On lui donne alors le nom de moka. Recette page 58.

من أين جئت
D'où viens-tu…
מאין אתה?

…arabica ?

Ce café est né dans les montagnes d'Afrique, dans l'actuelle Éthiopie. Il semble qu'autrefois, les indigènes ne consommaient qu'un thé stimulant fait à partir de ses feuilles, jusqu'au jour où ils découvrirent la force de ses fruits rouges. Une cité marchande du Yémen finit par reconnaître sa valeur, se procura des pieds et réalisa la première plantation. Il se répandit ensuite dans tout le reste de la péninsule arabique d'où il tient son nom d'arabica. Les Ottomans le découvrirent ensuite avant de l'introduire en Europe. Les marchands vénitiens et un boulanger de Vienne l'apprécièrent tout particulièrement. Le boulanger ouvrit le premier café public et inventa une pâtisserie en forme de demi-lune, le célèbre *kipferl* ou croissant au café autrichien. Mais nous nous égarons… Sachez que les Vénitiens et les Viennois sont aujourd'hui encore les meilleurs spécialistes occidentaux du café. Les Viennois ont baptisé leur spécialité moka, du nom de la ville du Yémen de ses débuts.

Secrets d'Orient

L'Orient et nous, c'est une histoire qui remonte loin. Elle débuta avec Adam et Ève au jardin d'Eden situé, paraît-il, non loin de Bagdad. Elle se poursuivit à Jérusalem et se termina plutôt tristement. Pour beaucoup, elle n'en devient que plus intéressante. Dans les pages suivantes, nous essaierons, à notre modeste échelle, de vous en faire découvrir les grandes lignes. Nous commencerons par une série de mots clés qui nous viennent à la fois des mille et une nuits et de la Bible. Nous poursuivrons jusqu'au royaume mystérieux de la cuisine orientale, accessible seulement à de rares élus. Nous entrerons enfin, en tant qu'étrangers, dans une maison orientale que nous quitterons comme des amis. Tout cela avant de retourner chez nous suffisamment savant pour cuisiner à nos proches de véritables plats orientaux. *Bismillah !* (Au nom de Dieu !).

SOUK

17 secrets des 1001 nuits

Histoires

Je suis un conteur. Je vais de souk en bazar, je déroule mon tapis et j'étale mes trésors : contes, paraboles, épopées, histoires à l'eau de rose.
Mon inspiration, je la trouve dans vos tentes, vos villas, vos cuisines. Je raconte vos vies, vos amours, vos querelles. Je suis votre oasis. Rangez vos ustensiles de cuisine et écoutez ce qui est advenu, il y a plus de mille années. Et faites bien attention au génie de la lampe, cet ami aussi sage que fou. Et maintenant, venez me rejoindre sur le **TAPIS**.

Tapis

Le vrai nomade porte sa patrie en bandoulière. Tissé avec les poils de ses chèvres et de ses brebis, teint avec les plantes du bord des chemins et brodé de toutes les histoires de la famille, le *kilim* était autrefois roulé et fixé au flanc du chameau, prêt à se transformer en sol de tente, en couverture pour le pique-nique, en matelas ou en tapis de prière. Les Perses en firent une œuvre d'art de soie et de velours, Aladin le fit voler et on le trouve aujourd'hui dans nos demeures occidentales. Assis en tailleur, on y déguste le thé, comme dans une **MAISON** orientale.

Maison

La maison orientale traditionnelle, avec ses hauts murs dépourvus de fenêtres, ressemble aux rochers qui l'entourent et qui ont servi à sa construction. Elle protège contre la chaleur, les regards, les ennemis. Celui qui passe en ami son seuil magnifique découvre le paradis : une cour intérieure et sa fontaine chuchotant à l'ombre de grandes plantes, et des colonnades qui mènent à l'intérieur. Attention à ne pas aller trop loin car, bientôt, commence la partie privée. Mieux vaut suivre le maître de maison dans la grande salle fraîche et prendre place sur un **COUSSIN**.

Coussin

Lorsque le tapis fit son entrée dans la maison orientale, il se transforma rapidement en coussin pour pouvoir déguster le thé à la manière traditionnelle, sans risque d'attraper des crampes. Chez les Perses, les salles de conseil garnies de coussins, pour rendre l'attente plus confortable, s'appelaient *diwan*. Les Ottomans en firent le divan, un salon de réception où des pieds furent ajoutées aux coussins. Le divan se répandit sous cette forme dans tout le royaume. Le *suffa* (coussin) devenu sofa est un vrai oriental, tout comme son cousin le matelas, qui peut d'ailleurs servir pour une soirée orientale lorsque le tapis devient trop dur. Et le repas ? Il est servi sur un **PLATEAU**.

Plateau

Bien avant que l'Orient n'invente le divan, il connaissait déjà la table basse : un plateau (en bois pour tous les jours, en métal bosselé pour les occasions spéciales) doté de courtes jambes ou posé sur un tréteau repliable. On y dispose les ingrédients nécessaires à la cérémonie du thé, différents mezze ou un couscous.
Pour être dans le ton, placez-le des deux mains devant vos invités, comme un authentique oriental. Il ne reste plus alors qu'à enfiler ses **BABOUCHES**.

Babouches

Lorsque votre hôte vous ouvre la porte en pantoufles, vous savez que la soirée sera tranquille. Une exception : la fête orientale où tout le monde a l'obligation d'en porter. Pas des charentaises, bien sûr, mais de vraies orientales, aussi pointues qu'un piment. Qu'on les nomme cediks ou babouches, elles peuvent être en cuir ou en tissu et présenter les motifs les plus traditionnels ou les plus avant-gardistes. Elles sont à nouveau furieusement tendance. Le connaisseur n'hésite pas à les porter dans la rue, avec un pantalon large, par exemple pour aller au **SOUK**.

Souk

Prenez un grand magasin et un café, mélangez avec un cirque, saupoudrez d'artisanat et disposez le tout autour d'une mosquée : votre souk est prêt. En persan *bazaar*, en arabe *suk*, en français marché. Les mots sont bien faibles face aux cris, aux chansons, aux marchandages, aux coups de marteau, aux grésillements et aux parfums qui s'échappent des échoppes. Ce chaos apparent obéit cependant à un certain ordre : les épices, les théières en argent et les seaux en plastique ont chacun leur propre secteur. Si vous vous perdez, pas de panique. Inspirez profondément et rendez vous dans un café pour voir un **NARGUILÉ**.

Pipe à eau

Notre propos n'est ni de vous faire planer, ni de vous empoisonner, mais de vous raconter une histoire. Quand il s'agit de fumer, les Orientaux préfèrent se rendre dans leur café favori. Les hommes sont assis au ras du sol avec leur *shisha* (*shishe* en Turquie, *nargila* au Liban), dans laquelle la fumée du tabac passe par un petit réservoir d'eau. Lorsqu'on aspire l'air au tuyau de la pipe, la fumée du tabac passe en glougloutant dans le réservoir d'eau et ressort rafraîchie dans la bouche. Nocif ? Peu hygiénique ? Voire illégal ? Peut-être. Nous nous contentons de raconter. Que diriez-vous maintenant d'un petit **JEU** ?

Jeu

Le mot « échecs » vient de *shah*, le roi perse qui donna son nom au plus célèbre jeu du monde.
Le « jeu des rois » fut inventé en Inde et découvert par les Perses, mais ce sont les Arabes qui l'ont popularisé dans nos contrées. Le backgammon vient aussi de ces joueurs d'Orientaux qui le pratiquaient déjà dans l'ancienne Babylone, tout comme le *kalah*, assez similaire, qui se jouait avec des fèves, des billes ou des pierres précieuses. Même les jeux de cartes viendraient d'Orient. Vous demandez à voir ? Relancez de 100 et découvrez un **TRÉSOR**.

17 secrets des 1001 nuits

Trésor

Que seraient les *Mille et une nuits* sans un trésor, un guerrier sans son épée en acier de Damas, une riche dame de la casbah sans ses bijoux ? Seulement à moitié aussi précieuses. Lorsque nos ancêtres en étaient encore à tailler le bois, les artisans et les savants enrichissaient l'Orient d'objets fins en métal travaillé, des trésors qui donnaient des ailes aux héros de légende, tels Sinbad ou Ali Baba. Précisons que pour les nomades du désert, seul le bétail méritait la dénomination de « trésor ». Sans lui, la vie n'aurait pas été possible. Découvrez d'autres trésors à la rubrique **PIERRE**.

Pierre

On supposait la présence des trésors les plus extravagants sous les roches et dans le sol du désert. C'est avec ces matériaux que furent bâties les premières maisons, qui en devenaient presque invisibles aux yeux des ennemis. Pour elles, le plus grand danger était le vent. Les carreaux de céramique disposés aux angles et autour des ouvertures devaient les protéger. C'est ainsi que les plus belles décorations et mosaïques virent le jour, de même que les célèbres amphores et faïences de l'Orient. Le tout fait de pierres, de sable et d'un vrai trésor : l'**EAU**.

Eau

Lorsqu'on a ses racines dans le désert, on a besoin de plus d'eau que les autres. Et ceux qui ont assez d'eau deviennent riches, comme l'Égypte sur les bords du Nil, Bagdad entre le Tigre et l'Euphrate, ou les villes portuaires sur les golfes et sur la mer. En Orient, économiser l'eau est un acte inspiré par le divin. Les ablutions comptent parmi les devoirs religieux, et la visite au *hammam* (bains publics) est un luxe. Avec de l'eau en quantité suffisante, nul n'aurait eu la bonne idée de cuire le couscous à la vapeur et le tajine à l'étouffée, ou de griller l'agneau dans un trou dans le sol. Pour plus d'eau, dirigez-vous vers l'**OASIS**.

Oasis

La première oasis du désert était le paradis : la vie y était douce. Dehors, ce n'était qu'un long combat pour la survie. Lorsque le désert donnait de l'eau à un endroit, il y poussait aussitôt des palmiers dattiers et des figuiers. Ils attiraient quelques nomades, vite sédentarisés, qui construisaient des maisons et des remparts. Pour peu que la cité se trouve sur le chemin des caravanes, richesse et notoriété étaient garanties, souvent au prix de la tranquillité et de la paix. Pour les retrouver, il n'y a que l'oasis privée. Pour en savoir plus, suivez la **ROSE**.

Rose

Les *land ladies* anglaises apprécient les roses autant qu'une bonne tasse de thé, mais ce n'est rien en comparaison de la passion que leur parfum suscite chez les Orientaux depuis des millénaires. Les Perses furent les premiers à les cultiver et aujourd'hui encore, un *gulistan* (jardin de roses iranien) au milieu du désert est un morceau de pure poésie, une oasis cachée derrière de hauts murs et qui surprend les visiteurs.

Qui ne possède pas de roseraie peut au moins couvrir ses hôtes de feuilles de rose et les asperger d'eau de rose, ainsi que le veut l'hospitalité en Orient. Ou encore, s'inspirer de la fleur pour créer un **ORNEMENT**.

Ornement

Point d'anges joufflus, de Jugement dernier… nulle image dans une mosquée. Cette absence est compensée par la richesse des ornements géométriques les plus somptueux. Avant même l'influence de l'islam, les artisans et les artistes de l'Orient tendaient à répéter les mêmes motifs à l'infini. Leurs arabesques dansent sur les murs, les colonnes, les carrelages des édifices, les poignées des armes. Elles se retrouvent dans les livres à l'écriture alambiquée et sur les mains des femmes peintes au henné. À ce propos, parlons un peu de **COULEUR**

Couleur

L'Orient est littéralement allé chercher ses couleurs dans le désert pour illuminer nos vies : le jaune était obtenu à partir du safran et du curcuma ; le mauve venait du *lilak* (« lilas » en persan) ; la pourpre, découverte par les Phéniciens, venait d'un escargot de mer ; le carmin était fabriqué par les Perses à partir de coccinelles ; l'orange était obtenu à partir du carthame d'Afrique du Nord (le nom vient de l'arabe *naranji*) ; le vert, couleur de l'islam, venait du vert-de-gris… Pour plus de couleurs, voir la **LUMIÈRE**.

Lumière

« *Ex oriente lux* » professe le latiniste, « de l'Orient vient la lumière ». Parce que c'est là que le soleil se lève et que la lune commande au calendrier. C'est là que fut inventée l'astronomie. C'est là que se trouve le berceau des religions chrétienne, juive et musulmane. Parce que les marchands et les savants d'Orient apportèrent la lumière à une Europe plongée dans l'obscurité.

Et c'est aussi de là que vient la précieuse lampe qui abritait le bon génie d'Aladin dans les *Mille et une nuits*. Pour d'autres **HISTOIRES**, voir à la rubrique du même nom.

Dans la cuisine

La cuisine est un des royaumes les plus mystérieux de tout l'Orient. À l'abri des regards, on y réalise en effet de grands et de petits miracles qui ont toujours cours, malgré le modernisme. Heureusement pour nous qui découvrons encore la richesse de ces traditions.

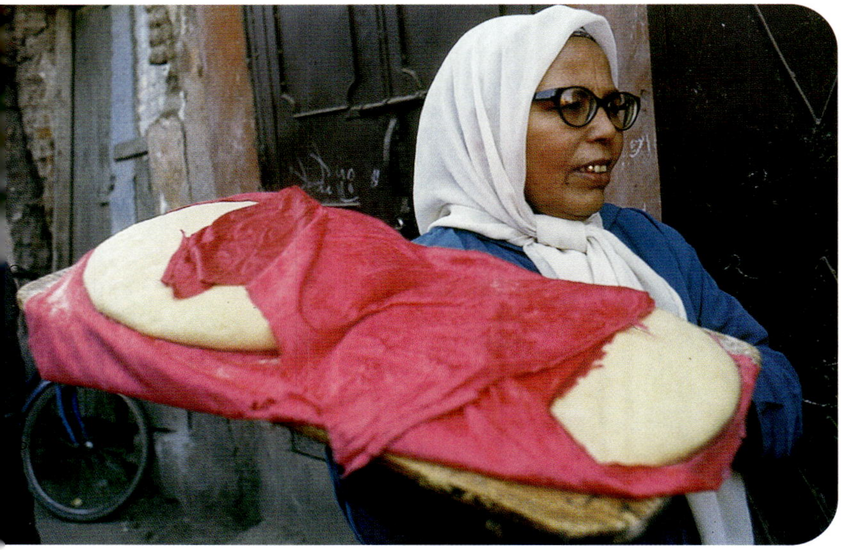

Le jour se lève…

Le désert s'étend, gris et froid, dans la dernière heure de la nuit. La rosée retient encore tous les parfums de la roseraie, les télévisions sont éteintes et les muezzins se taisent. Les croyants, dans leur chambre, s'apprêtent pour la première prière du jour, tandis que les femmes investissent la cuisine. La veille, elles ont préparé la pâte pour la *pita*. Elles la pétrissent une dernière fois avant de l'aplatir sur une planche. L'une des filles de la maison arrive, les premières paroles sont échangées, la journée commence peu à peu. La jeune femme s'empare de la planche et la porte chez le boulanger à travers les ruelles qui s'ensoleillent. À quelques rues de distance, on entend déjà le bavardage des autres, réunies là comme tous les matins, à attendre que « leur » pain sorte du four. Et comme tous les jours, elles l'emportent, recouvert d'un linge, à la maison où la famille est prête à prendre son premier petit déjeuner.

Un jour comme aujourd'hui…

On se croirait dans un conte des mille et un matins. C'est encore dans un petit village que l'on appréhende le mieux le début d'une journée en cuisine. Le pain peut être apporté plus tard chez le boulanger si la famille préfère prendre des forces avec une soupe épaisse de fèves ou d'autres légumes secs et du pain de la veille. Dans les villes et les régions moins traditionnelles, les choses se déroulent de façon plus familière pour nous, ne serait-ce que pour une question de rythme. Car lorsque la mère de famille travaille, elle aussi, il ne reste plus de temps pour les tâches romantiques. Retournons donc dans notre famille orientale traditionnelle pour voir la suite de la journée. La cuisine orientale n'admet en ses murs ni les étrangers ni les hommes, sauf lorsqu'ils sont encore dans les jupes de leur mère. Un jour vient où les fils, adolescents, doivent quitter la cuisine pour rejoindre la partie publique, celle qui accueille les invités, où l'on prépare le thé à la menthe et où le père peut, de temps à autre, griller des brochettes. S'il a bien fait attention dans la cuisine étant petit, cela ne devrait pas lui poser de problème.

Les ingrédients de base pour le petit déjeuner oriental sont le pain, le fromage, les olives, les tomates ou les concombres, les dattes ou le miel. Selon les régions, on y ajoute une bonne soupe ou un *foul*, plat traditionnel égyptien de haricots (recette page 90). Parfois, le pain est trempé dans l'huile d'olive et saupoudré d'herbes aromatiques ou de *dukkah* (mélange d'épices, de noix et de graines). En Turquie, on savoure le *reçeli* (confiture), tandis qu'au Maroc, on se délecte de *beghir*, sortes de crêpes épaisses à trous qui absorbent le beurre et le miel. Le petit déjeuner s'accompagne de thé noir ou vert, avec ou sans menthe, plus rarement de moka et presque jamais de café arabe.

Tout le temps du monde…

Lorsqu'il fait particulièrement chaud à midi ou lorsque la famille est dispersée, le déjeuner reste simple. Quelques mezze ou un plat rapide tel que des œufs brouillés épicés accompagnés de pain font l'affaire. Ou alors des falafels, des brochettes ou des friands achetés à un étal dans la rue. En revanche, s'il y a une occasion festive ou si la famille est soucieuse de son standing, on servira un repas traditionnel de plusieurs plats froids et chauds pour de nombreuses personnes, comme on le fait plus généralement en soirée. On commence toujours à cuisiner très tôt, car la potée de fèves, le riz persan moitié cuit à l'eau, moitié à la vapeur et… surtout, le couscous maison demandent des heures avant d'être parfaits comme il se doit.

Restons-en au couscous. Nous avons entendu parler d'une Marocaine de Marrakech qui n'a pas grand-chose à voir avec l'Orientale traditionnelle. Femme d'affaires, elle dirige une manufacture d'eau de rose. Elle n'a pas beaucoup d'enfants et elle a appris à son fils, marié à une Française et vivant en Allemagne, à faire la cuisine. Tout cela est plutôt inhabituel. Cela ne l'empêche pas de faire sécher ses épices à l'ancienne sur le toit de sa maison, dans laquelle elle ne songerait jamais à faire entrer un couscous instantané. Cette semoule précuite, prête en quelques minutes, est depuis longtemps un standard chez nous, même dans les boutiques orientales. Seuls de bons magasins bio ou des épiceries fines vous proposeront l'original.

Le couscous est habituellement préparé le vendredi, c'est-à-dire, le « dimanche » islamique. Les graines de semoule sont cuites dans un couscoussier spécial, semblable à un cuit-vapeur. Le récipient inférieur accueille les viandes, la partie supérieure le couscous. Après plusieurs heures de cuisson à la vapeur, après avoir été sorti, rincé, tourné et assaisonné plusieurs fois, le couscous est enfin léger, floconneux et saturé d'arômes. Prêt à être disposé au centre d'un plat et servi avec sa viande. En Orient, les femmes prennent tout leur temps en cuisine, afin que les épices puissent développer leurs saveurs et que chaque morceau devienne suffisamment tendre pour pouvoir être mangé avec les doigts. Des heures, des jours et des années durant, les cuisinières apprennent quelles épices utiliser avec quels plats, et quelle est la consistance idéale d'une pâte bien réussie. Au souk, nul ne tenterait de les rouler lorsqu'elles viennent, de bon matin, acheter les légumes, les herbes aromatiques et les fruits dont elles ont besoin. Elles souhaitent toujours montrer à leurs filles (les exceptions confirment la règle) le tour de main qui leur permettra de développer leur sens culinaire. Et même si les filles ne rêvent pas de passer, comme leur mère, la moitié de leur vie dans la cuisine, lorsqu'elles sont de passage, elles l'aident volontiers à hacher le persil, à frotter les tomates pour la sauce, à piler le cumin avec de l'ail pour préparer mezze et marinades.

Que la fête commence…

Lorsqu'une grande fête se prépare, les femmes de la maison reçoivent plusieurs jours à l'avance le renfort des grand-mères, tantes, cousines et amies de la famille. Chacune prépare ce qu'elle sait faire le mieux. Elles ne sont bien sûr pas toujours d'accord entre elles, ce qui leur donne l'occasion de parler, de goûter, de médire et de rire jusqu'à ce que tous les plats, plateaux et saladiers soient prêts et que plus un seul centimètre carré de la nappe ne soit visible.

Une chose est sûre : lorsqu'il y a des invités, il faut qu'il y ait de la nourriture en abondance et les meilleures choses qu'on puisse s'offrir : beaucoup de viande et du poisson (assez rare au quotidien). L'agneau, parfois le mouton, et les volailles sont fréquents, le bœuf ou le veau plus inhabituels, le porc proscrit chez les musulmans comme chez les juifs. Qu'elle soit en tajine ou en brochettes, la viande est toujours très cuite et doit se défaire pour pouvoir être mangée avec les doigts. Les poissons, comme le rouget ou les sardines, sont généralement grillés entiers. Les fruits de mer sont *haram*, c'est-à-dire tabous pour les musulmans comme pour les juifs, parce qu'ils nagent mais n'ont pas d'écailles.

Lorsqu'on est invité

En Orient, rien n'est assez beau pour les invités. La plus puissante des forteresses ouvre ses portes, la cabane se transforme en palais, l'étranger devient un ami, l'ennemi un frère. Le plus important est d'être le plus hospitalier possible.

Toc, toc, toc…

Nous voici donc devant la porte de cette maison où, dès les premières heures du jour, la pâte à pain a été pétrie et le couscous préparé à l'ancienne, afin d'accueillir toute la famille pour le déjeuner. Nous sommes invités à partager ce repas. Le haut mur d'une blancheur étincelante s'étire le long de la ruelle, à l'angle la branche d'un dattier dépasse et le parfum suave des oranges nous enveloppe. Le portail en bois, de la taille d'un homme, est peint en vert profond et orné de métal ouvragé. Sur le battant figure une main en bronze aux doigts recourbés sur une boule de la taille d'un abricot. Elle brille, polie par les invités qui l'actionnent quotidiennement. Frappons.

Mon ami, mon hôte…

Que le rêve se poursuive ! Nous évoquions à l'instant la cuisine des femmes, nous nous trouvons maintenant devant la grande demeure d'un seigneur d'Orient. Pour certains, ce rêve ressemble plutôt au cauchemar d'une époque depuis longtemps révolue. Mieux vaut qu'ils interrompent ici la visite. Car celui qui franchit ce seuil doit obéir à certaines règles. Ces murs abritent un autre monde où nous ne sommes qu'invités et où les habitants feront absolument tout pour qu'on s'y sente comme dans un palais. Ils y réussiraient même s'ils n'habitaient qu'une modeste cabane.

Avec un peu d'expérience, on sait qu'il faut éviter d'être à l'heure, car personne n'en attend autant. Une trop grande ponctualité pourrait même passer pour de l'impolitesse car elle perturberait les plans de l'hospitalité orientale, même si nul ne connaît vraiment ces plans selon lesquels tout doit se dérouler de façon à pouvoir dire ensuite : Dieu l'a voulu ainsi ! Une chose est certaine, elle est même consignée dans le Coran : tout invité, qu'il soit annoncé ou non, qu'il soit ponctuel, poli, membre de la famille, connu ou inconnu, doit être reçu comme un « ami de Dieu » et recevoir tout ce qu'on possède. L'hôte qui prononce son « Sésame, ouvre-toi » en toute tolérance et humilité voit soudain s'ouvrir devant lui les portes de la forteresse. C'est ainsi que les nomades et leurs descendants se font des amis depuis toujours, dans un environnement qui comptait souvent plus d'ennemis qu'il n'en fallait.

Entrez…

Nous entrons pour être cordialement salués par le maître de maison (étreintes et embrassades sont réservées aux bons amis). Les enfants se cachent derrière la fontaine de la cour intérieure (nous leur avons apporté un petit cadeau), les fils plus âgés nous souhaiteront également la bienvenue, après leurs aînés, bien sûr. Selon le degré de traditionalisme des lieux, la maîtresse de maison peut également être là (n'attendons cependant aucune accolade de sa part). Tandis que nous nous enquerons de la famille et donnons en échange des nouvelles de notre pays (que du positif !), nous nous acheminons lentement vers le *diwan*, la salle de réception où un plateau à pieds orné d'une nappe brodée et entouré de coussins nous attend dans un angle. L'hôte nous donne alors la meilleure place. Il convient de la lui proposer à notre tour, ce qu'il refuse, bien sûr, jusqu'à ce que tout le monde soit d'accord. À moins qu'on ne recommence le même jeu pour savoir qui s'assiéra le premier. Ce rituel peut se répéter plusieurs fois. Une règle d'or : il faut accepter au plus tard au troisième échange, ainsi la volonté de votre hôte et la preuve de votre politesse seront faites, et les choses pourront suivre leur cours.

Nous commençons par quelque chose à boire et à grignoter. C'est le maître de maison qui s'occupe du thé ou du moka. Nous sommes assis autour de la table, de sorte qu'on ne puisse voir nos semelles, les hommes en tailleur et les femmes avec les jambes (vêtues) repliées vers l'arrière. En présence d'invités de marque, de bons amis

ou de membres de la famille, la maîtresse de maison peut venir s'asseoir à table si les choses sont sous contrôle dans la cuisine. Sinon, elle doit s'en occuper elle-même et manger à part avec les autres femmes de la maison. Dans le doute, lorsqu'il y a des Occidentales invitées, elles sont traitées comme des hommes.

Il est capital de se laver les mains avant le repas, pour des raisons autant religieuses que pratiques, puisqu'on mange souvent avec les doigts dans un plat unique. Traditionnellement, une cruche emplie d'eau parfumée fait le tour des convives qui se lavent les mains au-dessus d'une soucoupe. Sinon, direction le lavabo, comme partout. Enfin le repas peut commencer. Selon les coutumes les plus ancestrales, tout ce qui a été préparé doit être posé sur la table, et c'est toujours beaucoup plus qu'on ne peut manger. Le plus souvent, les plats froids et chauds sont servis séparément. En premier viennent donc les mezze, les salades, les dips, ensuite un ou plusieurs plats de délicieuses spécialités chaudes qui s'accompagnent toujours de pain, de coupes d'épices, d'herbes aromatiques et de morceaux de légumes à grignoter entre deux.

Bon appétit…

Le maître de maison donne le signal des réjouissances avec un « *Bismillah !* » (Au nom de Dieu !) que tout le monde répète après lui. Il rompt le pain et le tend d'abord aux invités. Ensuite, chacun peut se servir comme il l'entend. Une cuillère ou une fourchette, voire une assiette, se trouveront peut-être sur la table à l'intention des hôtes étrangers. Sinon le pain tient lieu à la fois d'assiette et de couvert, et permet de se servir directement dans les plats (pour plus de détails, voir page 14).

S'il n'y a qu'un seul grand plat disposé au milieu, chacun doit faire attention à ne pas aller se servir dans la portion du voisin. S'il y a plusieurs plats, le maître de maison veillera à ce que les meilleurs morceaux se trouvent auprès des invités. Là encore, chacun se servira dans les plats qui se trouvent le plus près de lui. Si le maître de maison propose d'autres spécialités à ses hôtes, c'est tout de même à ses premiers choix qu'il faut faire le plus honneur, en veillant toutefois à en laisser aux autres. Si l'on mange dans une assiette, la maîtresse de maison fera en sorte qu'elle ne soit jamais vide. La seule solution est alors de laisser une bonne portion et de rester sur un non poli malgré toutes les insistances. Détail important : les autres arrêteront tous de manger lorsque l'invité aura terminé. Il n'est pas inutile de savoir qu'en Orient, le repas se déroule plutôt rapidement et silencieusement.

Lorsque les fruits frais ou l'un des rares desserts ont été dégustés, le maître de maison clôt le repas d'un « *Hamdulillah !* » (Dieu soit remercié !). On se déplace alors volontiers vers un autre endroit pour discuter aussi longtemps qu'on le veut, en sirotant un thé ou un moka et en goûtant des pâtisseries sucrées. Précisons que l'hôte le plus exténué continuera de traiter son invité comme s'il pouvait encore veiller des heures s'il ne manifeste aucune velléité de partir. Et dès qu'il donnera les premiers signes du départ débutera le rituel pour le convaincre de rester encore, tandis que l'invité remerciera son hôte avec effusion pour toute la peine qu'il s'est donnée. Il faut penser à commencer ce rituel assez tôt afin de le conclure à la satisfaction des deux parties. La meilleure solution, comme souvent, est de se mettre à la place de celui qui reçoit avant de faire ou de ne pas faire quelque chose. Ce qui nous amène au degré suivant des règles de l'hospitalité : l'obligation de rendre l'invitation, même s'il est clair que la chose ne pourra jamais se faire.

À partir de la page suivante, nous vous invitons à passer à table, en nous réjouissant de votre invitation en retour. *Inch Allah !* (Plaise à Dieu !)

basic

Les recettes

Mezze &

Servez-vous. N'hésitez-pas !

Salades

« Sois le bienvenu, c'est avec plaisir que nous partageons avec toi le pain et le fromage. » Quel accueil ! En plus, il est réservé à ceux qui ne voulaient faire que passer. Mais en Orient, les choses ne se passent pas aussi simplement.

« Un peu de thé à la menthe ? Mais non, vous ne dérangez pas. Qui sait quand on se reverra ? Vous devez absolument goûter ces pistaches, elles viennent tout droit de chez mon cousin à Ispahan. Ah bon ! Vous avez aussi un cousin là-bas ? Tiens, tiens, ça ne m'étonnerait pas que... » S'ensuit alors une longue discussion pour déterminer si on n'aurait pas des connaissances, voire de la famille en commun, là-bas en Orient. Faisons l'impasse, d'accord ?

« Ah, voilà les mezze ! Merci, chère femme. Servez-vous, servez-vous. Délicieux, non ? Comment on les prépare ? En principe, un magicien ne dévoile pas ses tours. Mais j'ai tout de suite remarqué que vous aimiez ce qui est bon et comme on est pratiquement de la même famille, faisons une exception. Sésame, ouvre-toi ! »
À vous de jouer, maintenant.

Boisson d'Orient

Thé à la menthe

Plus la caravane progresse vers l'Ouest, plus le thé oriental contient de menthe et plus il s'éclaircit. Au Maroc, c'est devenu une infusion aussi sucrée que désaltérante, mêlant thé vert et beaucoup de menthe fraîche, que l'on sert en toute occasion d'un geste élégant et enlevé qui renforce le goût et protège les lèvres. On utilisera de préférence du thé vert « gunpowder » dont les feuilles se roulent en boule en séchant. Vous le trouverez chez n'importe quel marchand de thé ou dans une épicerie asiatique. À défaut, un autre thé vert bien fort fera l'affaire.

Pour 4 petits verres, versez un peu d'eau bouillante sur 3 cuillerées à café de « gunpowder ». Laissez gonfler les feuilles pendant 1 minute puis jetez l'eau. Placez le thé dans une casserole avec 4 cuillerées à café de sucre, 4 brins de menthe forte (de préférence de la menthe nana, jamais de menthe poivrée) et 25 cl d'eau chaude. Couvrez et laissez frémir pendant 10 minutes. Si vous possédez une de ces jolies théières orientales en métal à petits pieds et haut goulot, faites-y le thé directement. Sinon, transvasez le contenu de la casserole dans votre théière habituelle.

Versez le thé dans les verres (vous pouvez y placer un brin de menthe) en remontant la théière jusqu'à ce que ça mousse. Des éclaboussures ? C'est que vous manquez d'entraînement. Pas de panique, vous avez tout le temps du monde pour vous entraîner.

1001 contes…

…libèrent l'esprit

Ali Baba et les quarante voleurs n'est qu'un des mille et un contes racontés, nuit après nuit, au roi des Sassanides par Shéhérazade, la fille de son vizir. Le contexte n'avait rien d'un conte de fées : après avoir été trompé par sa femme, le roi lui fit couper la tête ainsi qu'à toutes les « femmes pour une nuit » que le vizir lui amenait. Jusqu'à ce que sa fille arrive avec ses histoires. Mille et une nuits plus tard, elle était toujours en vie et devint la nouvelle reine…

C'est ce conte qui relie les mille et une légendes, fables et paraboles de la plus célèbre collection d'histoires orientales. Au XVIIIe siècle, *Alf laila wa-laila* devint célèbre dans le monde entier, dans sa traduction française, *Les Contes des mille et une nuits*. Tout comme le recueil des frères Grimm, il s'agit d'une compilation de contes venus de cultures diverses : Perse, Inde, Grèce, Égypte, Arabie, Mésopotamie ou Turquie. Comme il se doit en Orient ou en France, il y est souvent question de délices irrésistibles. « Elle acheta des pommes au teint parfait, des pêches de Khoullane, des citrons verts de Marakib, des cédrats de la meilleure qualité. » On y évoque les « pistaches, savoureuses et croquantes, dégustées en bonne compagnie, les raisins de Chib, les dattes d'Irak », plus loin on parle de « beignets au beurre, de crêpes d'une extraordinaire finesse, de pâtés au musc, de caramels turcs ». Cela nous apprend plusieurs choses. Tout d'abord qu'en Orient, beauté et cruauté vont souvent de pair. Ensuite qu'on y a toujours eu du talent pour savourer les meilleures choses.

◊ Un conseil du djinn ◊

En visite

Généreux djinn !

Merci de réaliser mon souhait de visiter ton pays. Quel confort sur ce tapis ! Merci aussi de m'avoir annoncé chez ton ami. Une question : comment me comporter dans sa maison ?

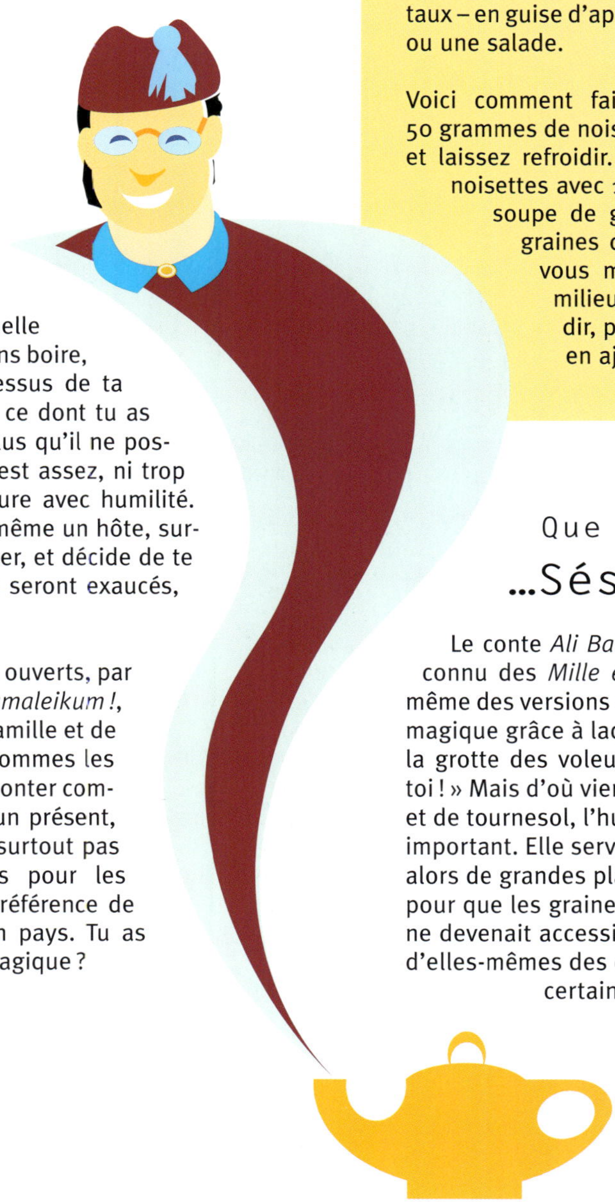

Sache tout d'abord que tu seras toujours le bienvenu. Quelle que soit l'heure. Si tu voyages sans boire, sans manger et sans toit au-dessus de ta tête, mon ami te procurera tout ce dont tu as besoin. Il te donnera toujours plus qu'il ne possède. Car pour un invité, rien n'est assez, ni trop cher. Entre donc dans sa demeure avec humilité. Pense comme si tu recevais toi-même un hôte, surtout si tu as un souhait à exprimer, et décide de te taire. De toute façon, tes désirs seront exaucés, même sans les dire.

Salue le maître des lieux les bras ouverts, par une poignée de mains et un *Salamaleikum !*, enquiers-toi sincèrement de sa famille et de ses enfants. Salue ensuite les hommes les plus âgés et écoute chacun te raconter comment il va. Si tu veux apporter un présent, pas de fleurs pour la femme et surtout pas de vin. Friandises et babioles pour les enfants seront appréciées, de préférence de belles et bonnes choses de ton pays. Tu as besoin d'un coup de baguette magique ?

Basiques orientaux faits maison

Dukkah

En Égypte, on sert souvent ce mélange de graines, de fruits secs et d'épices grossièrement hachés au petit déjeuner, sur une pita. Si vous pensez à un mélange pour oiseaux, c'est que vous n'avez jamais eu l'occasion de tremper un morceau de pain frais dans l'huile d'olive, puis dans la *dukkah*. Un vrai régal ! On sert de plus en plus souvent cette spécialité dans les restaurants à la mode – et pas seulement orientaux – en guise d'apéritif. La *dukkah* peut également enrichir une soupe ou une salade.

Voici comment faire : portez de l'eau à ébullition et versez-y 50 grammes de noisettes pendant 5 minutes. Videz dans une passoire et laissez refroidir. La peau s'enlève plus facilement. Mélangez les noisettes avec 100 grammes de graines de sésame, 5 cuillerées à soupe de graines de coriandre et 5 cuillerées à soupe de graines de cumin. Versez le mélange sur une plaque que vous mettez au four pendant 5 minutes à 250 °C (au milieu). Les graines ne doivent pas foncer ! Laissez refroidir, puis hachez grossièrement au mortier ou au mixeur en ajoutant du sel et du poivre. À vos dips !

Que signifie…

…Sésame, ouvre-toi ?

Le conte *Ali Baba et les quarante voleurs* est sans doute le plus connu des *Mille et une nuits*, si connu, d'ailleurs, qu'il en existe même des versions européennes. Elles comprennent toutes la formule magique grâce à laquelle le pauvre bûcheron Ali Baba réussit à ouvrir la grotte des voleurs et parvient jusqu'à leur or : « Sésame, ouvre-toi ! » Mais d'où vient cette formule ? Avant de découvrir l'huile d'olive et de tournesol, l'huile de sésame était, en Orient, l'ingrédient le plus important. Elle servait en cuisine et pour les lampes à huile. Il existait alors de grandes plantations de sésame que l'on récoltait encore vert pour que les graines contiennent le plus d'huile possible. Cette huile ne devenait accessible que lorsque les précieuses graines tombaient d'elles-mêmes des capsules mises à sécher… et cela pouvait durer un certain temps. En entendant le fameux « Sésame, ouvre-toi ! », chacun était donc capable de comprendre l'impatience d'Ali Baba devant la grotte au trésor.

Babaganoush

La star des hors-d'œuvres

Pour 4 personnes

2 petites aubergines (environ 500 g)

3 cuillerées à soupe de pâte de sésame *(tahini)*

3 cuillerées à soupe de jus de citron

2 cuillerées à soupe d'huile d'olive

2 gousses d'ail

sel

poivre du moulin

1/2 bouquet de persil

1 cuillerée à soupe d'olives vertes

1 Préchauffez le four à sa température la plus élevée. Lavez les aubergines et incisez-les en plusieurs endroits à l'aide d'un couteau pointu. Rangez-les sur la tôle du four et faites-les cuire environ 30 minutes à mi-hauteur, jusqu'à ce qu'elles soient tendres et que leur peau noircisse.

2 Ôtez les aubergines du four et laissez-les tiédir. Coupez-les en deux dans la longueur et prélevez la chair à l'aide d'une cuillère. Passez celle-ci au mixeur avec la pâte de sésame, le jus de citron et l'huile d'olive.

3 Pelez l'ail et écrasez-le au presse-ail au-dessus de la purée d'aubergines. Mélangez bien. Salez et poivrez. Lavez, essuyez et équeutez le persil. Hachez finement les feuilles. Parsemez-en la purée d'aubergines. Ajoutez les olives.

Préparation : 15 minutes
(+ 30 minutes de cuisson)
Servir avec de la pita
140 calories la part

Variantes

Crème d'aubergines à la tomate
Au lieu de mixer la chair des aubergines, hachez-la finement. Lavez, nettoyez et/ou pelez 2 tomates, 2 piments, 1 oignon et 2 gousses d'ail. Hachez-les finement et mélangez-les à la chair d'aubergine. Incorporez 2 ou 3 cuillerées à soupe de jus de citron, 2 cuillerées à soupe d'huile d'olive, du sel et 1 pincée de sucre. Dégustez avec du pain.

Crème d'aubergines à la grenade
Mixez finement la chair des aubergines, puis mélangez-la avec 3 cuillerées à soupe de sirop de grenadine et 3 cuillerées à soupe d'huile d'olive. Pelez 2 gousses d'ail et écrasez-les au presse-ail au-dessus de la purée. Lavez et essuyez 1/2 bouquet de persil. Hachez-le finement et incorporez-le. Salez et poivrez. Transférez la crème dans une jatte. Prélevez les graines de 1/2 grenade (coupez la grenade en morceaux et prélevez les graines avec les doigts) et parsemez-en la crème d'aubergines.

Crème d'aubergines au yaourt
Mixez finement la chair des aubergines. Râpez, pilez ou hachez 200 grammes de cerneaux de noix. Faites-les griller à sec dans une poêle en remuant, jusqu'à ce qu'ils soient odorants. Laissez refroidir, puis incorporez-les à la crème d'aubergines avec 150 grammes de yaourt. Assaisonnez de 1 cuillerée à café de sumac, du sel, du poivre et du paprika doux. Éliminez les racines de 2 ciboules et coupez le reste en fins anneaux. Parsemez-en la crème d'aubergines et poudrez le tout de paprika.

Pâte de poivrons aux noix

Rouge, épicée, goûteuse

Pour 4 personnes

3 poivrons rouges

100 g de yaourt

(au lait de brebis, de préférence)

100 g de cerneaux de noix

50 g de pain rassis

2 cuillerées à soupe de beurre

2 gousses d'ail

sel

1 cuillerée à café de harissa (page 95)

1/2 bouquet de persil

1 Préchauffez le four à 250 °C (chaleur tournante : 220 °C). Lavez les poivrons et coupez-les en deux dans la longueur. Éliminez le pédoncule, les graines et les filaments blancs. Rangez les poivrons sur une lèchefrite (éventuellement tapissée de papier sulfurisé), peau au-dessus. Faites-les cuire 15 minutes à mi-hauteur du four, jusqu'à ce que la peau présente des boursouflures noires.

2 Pendant ce temps, égouttez le yaourt dans une passoire à mailles fines. Lorsque les poivrons sont tendres, ôtez-les du four. Recouvrez-les d'un linge humide ou mettez-les dans un sac à congélation (ils seront plus faciles à peler). Laissez-les refroidir jusqu'à ce que vous puissiez les manipuler. Pelez-les : certains endroits seront faciles à peler et d'autres non (ce n'est pas grave s'il reste un peu de peau).

3 Râpez finement les noix et le pain. Faites chauffer le beurre dans une poêle et mettez-y à revenir les noix et la chapelure pendant 2 à 3 minutes. Remuez sans cesse pour que le mélange ne brûle pas et ôtez la poêle du feu.

4 Pelez l'ail et émincez-le grossièrement. Réduisez-le en purée avec les poivrons pelés. Incorporez le yaourt et le mélange aux noix. Assaisonnez de sel et de harissa. Goûtez : est-ce assez relevé ? Si oui, transférez la pâte dans une jatte. Lavez et essuyez le persil. Équeutez-le et répartissez joliment les feuilles sur la pâte. C'est prêt !

Préparation et cuisson : 35 minutes
Servir avec de la pita
275 calories la part

Version rapide :
Ne pelez pas les poivrons, mais réduisez-les crus en purée, avec les noix et le pain. Dans ce cas, supprimez le yaourt, sinon la pâte serait trop liquide.

Pâte de poivrons pimentée

C'est le *zhug*, très très relevé

Pour 4 personnes

1 poivron vert

6 piments verts

8 gousses d'ail

4 capsules de cardamome verte

1 bouquet de coriandre

1 cuillerée à café de cumin moulu

sel

1 Lavez le poivron et coupez-le en deux dans la longueur. Éliminez le pédoncule, les graines et les filaments blancs. Coupez la pulpe en dés. Lavez les piments, coupez-les en deux dans la longueur et parez-les comme le poivron. Pelez l'ail et hachez-le grossièrement. Ouvrez les capsules de cardamome et prélevez les graines.

2 Réduisez le poivron, les piments, l'ail et la cardamome en pâte fine dans le mixeur.

3 Lavez, essuyez et équeutez la coriandre. Ajoutez les feuilles à la pâte et mixez. Assaisonnez de cumin et de sel.

Préparation : 25 minutes
Servez avec des falafels (page 68) et des chiches-kebabs (page 124), de la pita et des légumes braisés. Ajoutez à une soupe, ou servez avec une viande.
20 calories la part

C'est bon aussi :

Utilisez un poivron rouge et des piments rouges et ajoutez un peu de jus de citron et de miel.

Houmous

Indispensable dans les mezze

Pour 4 personnes

1 boîte de pois chiches (400 g)

2 gousses d'ail

2 cuillerées à soupe d'huile d'olive

3 cuillerées à soupe de jus de citron

3 cuillerées à soupe de pâte de sésame *(tahini)*

sel

1/2 cuillerée à café de cumin moulu

1 cuillerée à soupe de beurre

1 cuillerée à café de paprika doux

1 Rincez les pois chiches sous l'eau froide et égouttez-les bien. Pelez l'ail et coupez-le en dés.

2 Réduisez les pois chiches en purée avec l'ail, l'huile d'olive, le jus de citron, 2 ou 3 cuillerées à soupe d'eau et le *tahini* (au mixeur ou au presse-purée). Ajoutez du sel et le cumin. Transférez la purée dans une jatte. Avec le dos d'une cuillère, creusez une petite fontaine au centre.

3 Faites fondre le beurre dans une petite poêle, sans le laisser prendre couleur. Incorporez le paprika. Versez ce beurre rouge dans la fontaine et laissez-le couler sur le reste du *houmous*.

Préparation : 10 minutes
Servir avec de la pita et des olives
220 calories la part

Version élaborée :

Le *houmous* est encore meilleur si l'on fait cuire les pois chiches soi-même. Faites tremper 150 grammes de pois chiches secs dans de l'eau pendant une nuit. Le lendemain, faites-les cuire dans de l'eau propre jusqu'à ce qu'ils soient tendres (entre 1 heure et 1 h 30, selon l'âge des pois chiches). Puis suivez la recette.

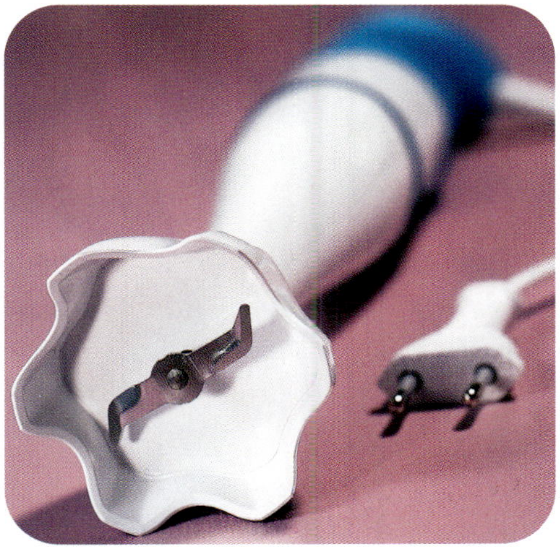

Variantes

Houmous à l'avocat

Coupez 2 avocats bien mûrs en deux et ôtez leur noyau. Prélevez la chair à l'aide d'une cuillère et réduisez-la en purée avec 6 cuillerées à soupe de jus de citron et 4 cuillerées à soupe de pâte de sésame *(tahini)*. Pelez 2 gousses d'ail et écrasez-les au presse-ail au-dessus de la purée. Lavez, essuyez et équeutez quelques brins de persil. Hachez finement les feuilles et incorporez-les à la purée. Assaisonnez la pâte de 1 cuillerée à café de cumin moulu, de sel et de 1/2 cuillerée à café de harissa (page 95). Servez avec de la pita et des rondelles de tomate.

Fava

Faites tremper 250 grammes de fèves des marais sèches dans de l'eau pendant une nuit. Le lendemain, portez à ébullition avec 1 oignon pelé coupé en deux. Faites cuire environ 1 heure. Laissez refroidir un peu, puis pelez les fèves. Réduisez-les en purée avec l'oignon, 2 gousses d'ail pelées, 2 cuillerées à soupe d'huile d'olive et 3 cuillerées à soupe de jus de citron. Assaisonnez de sel, de poivre et d'un peu de sucre. Lavez et essuyez 1 bouquet d'aneth. Hachez-le et incorporez-le. Ce plat est délicieux avec de la pita et des olives.

Crème au fromage de brebis

Turc et vite prêt

Pour 4 personnes

200 g de fromage au lait de brebis (feta)

100 g de yaourt

1 gros bouquet de persil

1 bouquet de coriandre

1 gousse d'ail

poivre du moulin

1 Émiettez le fromage et passez-le au mixeur avec le yaourt.

2 Lavez, essuyez et effeuillez les herbes. Hachez-les finement. Pelez l'ail et écrasez-le au presse-ail. Incorporez les herbes et l'ail à la crème. Poivrez. Inutile d'ajouter du sel, le fromage est assez salé.

Préparation : 10 minutes
Servir avec de la pita et des rondelles de tomate et de concombre
135 calories la part

C'est bon aussi :

Incorporez à la crème 1 poivron rouge pelé (voir page 39) et 1 petit piment coupés en dés.

Purée de carottes

Bon pour le budget

Pour 4 personnes

500 g de carottes

sel

2 gousses d'ail

2 cuillerées à soupe de jus de citron

1 cuillerée à café de cumin moulu

1 cuillerée à café de harissa (page 95)

2 cuillerées à soupe d'olives noires

2 cuillerées à soupe d'huile d'olive

1 Pelez et coupez les carottes en tronçons de 2 centimètres. Mettez-les dans une cocotte, couvrez de 2 centimètres d'eau et salez. Couvrez et faites cuire 20 minutes à feu moyen, jusqu'à ce que les carottes soient tendres.

2 Égouttez les carottes et laissez-les refroidir. Réduisez-les en purée. Pelez l'ail et écrasez-le au-dessus de la purée. Incorporez le jus de citron, le cumin et la harissa. Salez.

3 Mettez la purée de carottes dans une jatte, décorez des olives et arrosez d'huile.

Préparation et cuisson : 30 minutes
Servir avec de la pita
85 calories la part

Épinards au persil

Rafraîchissants et aromatiques

Pour 4 personnes, en hors-d'œuvre ou en accompagnement

500 g d'épinards
sel
2 bouquets de persil
3 gousses d'ail
1/2 citron non traité
1 cuillerée à soupe d'olives vertes dénoyautées
4 cuillerées à soupe d'huile d'olive
1/2 cuillerée à soupe de paprika doux
1/2 cuillerée à soupe de cumin moulu
quartiers de citron pour décorer

1 Ôtez les feuilles flétries des épinards. Remplissez l'évier d'eau froide. Plongez-y les épinards et lavez-les bien. Si l'eau est très sale ou sableuse, recommencez. Puis égouttez-les.

2 Dans une cocotte, portez 2 litres d'eau salée à ébullition. Ajoutez les épinards et enfoncez-les dans l'eau à l'aide d'une cuillère en bois. Laissez-les fondre 1 ou 2 minutes. Égouttez-les et rafraîchissez-les sous l'eau froide. Égouttez-les bien, puis essorez-les avec les mains. Hachez-les finement.

3 Lavez, essuyez et équeutez le persil. Hachez très finement les feuilles. Pelez l'ail et hachez-le finement. Brossez le citron sous l'eau chaude et prélevez-en le zeste sans la membrane blanche. Coupez-le très finement. Pelez le citron à vif et coupez la pulpe en dés en ôtant les pépins. Hachez les olives ou coupez-les en fines lanières.

4 Mettez les épinards, le persil, l'ail, le zeste et la pulpe de citron et les olives dans une jatte, et mélangez bien. Mélangez l'huile d'olive avec le paprika, le cumin et du sel. Arrosez les épinards de cet assaisonnement. Mélangez et goûtez. Peut-être faut-il un peu plus de sel ? Avant de servir, décorez avec les quartiers de citron.

Préparation et cuisson : 25 minutes
Servir avec de la pita ou de petites couronnes au sésame (page 61)
115 calories la part

C'est bon aussi :

Au lieu du zeste et de la pulpe de citron, lavez 1/2 citron confit au sel (page 131), coupez son zeste en très fins morceaux et incorporez-le. N'ajoutez pas la pulpe.

Épinards au yaourt

Crémeux et doux

Pour 4 personnes
500 g d'épinards
1 gros oignon
2 cuillerées à soupe d'huile d'olive
2 cuillerées à café de curcuma moulu ou 1/2 cuillerée à café de safran en poudre
sel, poivre du moulin
2 gousses d'ail
300 g de yaourt

1 Lavez soigneusement les épinards. Entassez-les sur une planche en bois et hachez-les finement à l'aide d'un gros couteau. Pelez l'oignon et coupez-le en deux. Tranchez-le d'abord en lanières puis en dés.

2 Posez une sauteuse sur le feu. Versez-y l'huile et faites-la chauffer. Ajoutez les dés d'oignon et faites-les revenir pendant environ 5 minutes sur feu moyen, en remuant sans cesse. Poudrez du curcuma ou du safran et remuez jusqu'à ce que l'oignon soit bien doré. Ajoutez les épinards et remuez jusqu'à ce qu'ils aient fondu. Couvrez et faites cuire encore 2 ou 3 minutes sur feu doux.

3 Transférez les épinards dans une jatte. Salez et poivrez. Laissez refroidir un peu. Pelez l'ail et écrasez-le à l'aide d'un presse-ail au-dessus du yaourt. Mélangez bien. Incorporez le yaourt aux épinards. Le cas échéant, rectifiez l'assaisonnement en sel et en poivre.

Préparation et cuisson : 25 minutes
Servir avec de la pita au sumac (page 61) ou au sésame
115 calories la part

C'est bon aussi :

Incorporez au yaourt 2 ou 3 cuillerées à soupe de noix râpées ou faites-les griller et parsemez-en les épinards. Ou coupez les extrémités de 1 branche de céleri et, le cas échéant, ôtez-en les fils. Lavez et émincez très finement le céleri puis incorporez-le aux épinards.

Yaourt au concombre et aux raisins secs

Inédit et sucré

Pour 4 personnes
- 50 g de raisins secs
- 50 g de cerneaux de noix
- 1/2 bouquet de menthe
- 1 petit concombre
- 400 g de yaourt
- sel, poivre du moulin

1 Rincez les raisins secs sous l'eau chaude et égouttez-les bien. Hachez très finement les cerneaux de noix.

2 Lavez, essuyez et équeutez la menthe. Hachez finement les feuilles. Épluchez le concombre et coupez-le en deux dans sa longueur. Ôtez les graines à l'aide d'une cuillère et coupez la chair en dés.

3 Mettez le yaourt dans une jatte, salez et poivrez. Incorporez les raisins secs, les noix, la menthe et le concombre. Réfrigérez environ 1 heure, puis remuez et goûtez. S'il manque du sel ou du poivre, rectifiez puis servez.

Préparation : 15 minutes
(+ 1 heure de réfrigération)
Servir avec des légumes sautés et de la pita, ou encore avec des côtes d'agneau
190 calories la part

C'est bon aussi :

Incorporez à la préparation des pruneaux ou des dattes dénoyautés et coupés en dés. Ou, à la place des fruits, assaisonnez d'ail écrasé : c'est ainsi que les Turcs aiment ce hors-d'œuvre.

Variante

Yaourt aux carottes et à l'aneth

Pelez et râpez finement 300 grammes de carottes. Faites-les revenir 2 ou 3 minutes en remuant sans cesse dans 1 cuillerée à soupe de beurre additionnée de 1 cuillerée à soupe d'huile d'olive. Transférez dans une jatte et laissez refroidir. Lavez et essuyez 1 bouquet d'aneth. Coupez les grosses tiges, puis hachez finement le reste avec 2 gousses d'ail pelées. Incorporez aux carottes avec 400 grammes de yaourt. Ajoutez du sel, du poivre et 1/2 cuillerée à café de paprika rose.

Poivrons grillés
...et marinés

Pour 4 personnes

4 gros poivrons rouges

1/2 citron non traité

1/2 bouquet de persil

1 piment

2 cuillerées à café de graines de cumin

sel, poivre du moulin

1 pincée de paprika doux

4 cuillerées à soupe d'huile d'olive

1 Préchauffez le four à 250 °C (chaleur tournante : 220 °C). Tapissez la lèchefrite de papier sulfurisé pour faciliter le nettoyage.

2 Coupez les poivrons en deux dans leur longueur en laissant le pédoncule. Éliminez les graines et les filaments blancs. Rangez les demi-poivrons sur la lèchefrite à mi-hauteur du four, peau par-dessus. Faites cuire environ 15 minutes, jusqu'à ce que la peau se boursoufle et noircisse.

3 Ôtez les poivrons du four et laissez-les refroidir. Pelez-les, puis coupez la chair en lanières larges. Rangez celles-ci sur un plat.

4 Brossez le demi-citron sous l'eau chaude. Prélevez le zeste sans la membrane blanche, amère. Coupez-le en fines lanières. Exprimez le jus du citron. Lavez, essuyez le persil et éliminez les tiges. Hachez finement les feuilles. Lavez le piment, coupez-le en deux dans sa longueur et ôtez le pédoncule. Laissez les graines pour relever le goût, ou ôtez-les. Si vous le faites avec les doigts, prenez soin de bien les laver et de ne pas vous frotter les yeux ! Coupez le piment en fines lanières.

5 Chauffez une petite poêle et faites-y griller le cumin à sec un court instant. Mettez celui-ci dans un mortier et écrasez-le légèrement. Mélangez le jus de citron avec le cumin, du sel, du poivre et le paprika. Incorporez l'huile par petites quantités en fouettant à la fourchette. Parsemez les lanières de poivron du zeste de citron, du persil et du piment. Arrosez avec l'assaisonnement. Laissez mariner au moins 1 heure.

Préparation et cuisson : 40 minutes
(+ 1 heure de marinade)
Servir avec de la pita
125 calories la part

Variante

Poivrons au citron confit au sel

Pelez et coupez les poivrons en cubes. Pelez 2 gousses d'ail et hachez-les finement. Mélangez-les avec le persil, le piment et le poivron. Confectionnez une sauce avec le jus de citron, 2 cuillerées à café de cumin moulu et l'huile d'olive. Au lieu du zeste de citron, lavez 1/2 citron confit au sel (page 131), prélevez son zeste et hachez-le finement. Mélangez-le avec le poivron et la sauce. Salez, poivrez et laissez mariner un court instant.

Oignons safranés au miel
En robe dorée et luisante

Pour 4 personnes

500 g de petits oignons (qu'on peut remplacer par des oignons rouges ou des échalotes)

1/2 dose de filaments de safran (0,1 g)

2 cuillerées à soupe d'huile d'olive

1 cuillerée à café de gingembre moulu

1 cuillerée à café de paprika doux

1 cuillerée à café de cannelle

2 cuillerées à soupe de miel

2 cuillerées à soupe de jus de citron

sel

1 Éliminez les racines et pelez les oignons. Faites tremper le safran dans 15 centilitres d'eau tiède et laissez infuser un instant, jusqu'à ce que l'eau soit jaune.

2 Faites chauffer l'huile dans une cocotte. Ajoutez les oignons et faites-les revenir quelques minutes sur feu moyen, jusqu'à ce qu'ils soient dorés. Remuez sans cesse pour qu'ils n'attachent pas. Poudrez du gingembre, du paprika et de la cannelle. Versez le miel en filet. Faites cuire un instant, puis mouillez avec l'eau de trempage du safran.

3 Réduisez le feu au minimum et couvrez. Laissez les oignons mijoter pendant environ 20 minutes, jusqu'à ce qu'ils soient bien tendres. Vérifiez régulièrement qu'il reste suffisamment de liquide. Sinon, allongez d'un peu d'eau. Arrosez les oignons du jus de citron, salez et laissez refroidir.

Préparation et cuisson : 35 minutes
Servir avec un hors-d'œuvre au yaourt et une salade, ou avec de la pita
105 calories la part

Variante

Oignons au tamarin

Faites tremper 1 cuillerée à soupe de pulpe de tamarin (dans les épiceries asiatiques ou de la pâte de tamarin en bocal : dans ce cas, ne faites pas tremper) environ 15 minutes dans 15 centilitres d'eau tiède. Tamisez-la. Préparez les oignons comme dans la recette précédente et faites-les revenir dans l'huile. Poudrez-les de 1 cuillerée à soupe de sucre et faites-les fondre. Arrosez de l'eau de trempage du tamarin (ou ajoutez la pâte), salez et procédez comme dans la recette précédente. Avant de servir les oignons (ils sont presque meilleurs froids que chauds), parsemez-les de coriandre hachée.

Olives à la charmoula

Très aromatiques

Pour 4 personnes, à grignoter

2 ciboules

2 gousses d'ail

1/2 bouquet de persil

1/2 bouquet de coriandre

3 cuillerées à café de cumin moulu

3 cuillerées à café de paprika doux

1 cuillerée à soupe de jus de citron

4 cuillerées à soupe d'huile d'olive

sel, poivre du moulin

300 g d'olives vertes

1 Éliminez les racines des ciboules et lavez le reste. Pelez l'ail. Lavez, essuyez et effeuillez les herbes. Hachez très finement le tout.

2 Mélangez tous les ingrédients hachés avec le cumin, le paprika, le jus de citron et l'huile d'olive. Salez et poivrez légèrement cette *charmoula*.

3 Égouttez les olives. Si elles étaient en saumure, rincez-les sous l'eau froide. Mélangez-les avec la *charmoula* et laissez mariner au moins 2 heures (une nuit est encore mieux).

Préparation : 15 minutes (+ 2 heures de marinade)
Servir avec n'importe quel autre hors-d'œuvre
195 calories la part

Variante

Feta marinée

Hachez très finement 1 piment rouge, 2 gousses d'ail, 4 ciboules et 1 bouquet de persil – le tout lavé, nettoyé ou pelé. Mélangez-les avec 5 ou 6 cuillerées à soupe d'huile d'olive. Ne salez pas. Coupez 200 grammes de feta en dés et mélangez-les avec la sauce. Couvrez et laissez mariner une nuit.

Salade d'oranges aux dattes

Douce et délicieuse avec un plat relevé

Pour 4 personnes

4 grosses oranges à jus

8 dattes fraîches charnues

1/2 bouquet de menthe

4 cuillerées à soupe d'eau de fleur d'oranger

1 cuillerée à café de sumac

sel

2 cuillerées à café de jus de citron

1/2 cuillerée à café de cannelle

2 cuillerées à soupe d'huile d'olive

30 g d'amandes en bâtonnets

1 Découpez un chapeau en haut et en bas de chaque orange puis pelez-les à vif (ôtez le zeste avec sa membrane blanche) en tournant tout autour. Coupez les oranges en rondelles en recueillant le jus. Éliminez les pépins.

2 Dénoyautez les dattes et coupez-les en fines lanières. Lavez, essuyez et équeutez la menthe. Ciselez les plus grosses feuilles.

3 Mélangez le jus d'orange recueilli avec l'eau de fleur d'oranger, le sumac, du sel et le jus de citron. Répartissez les oranges entre les assiettes et arrosez-les de la sauce. Poudrez de la cannelle et parsemez des lanières de datte.

4 Faites chauffer l'huile d'olive dans une poêle. Faites-y revenir les amandes quelques minutes sur feu moyen, en remuant, jusqu'à ce qu'elles soient légèrement dorées. Salez et répartissez sur les oranges. Parsemez de la menthe et servez.

Préparation : 20 minutes
Servir avec du poulet ou de l'agneau, ou en hors-d'œuvre
205 calories la part

Variante

Salade d'oranges et de tomates aux olives

Pelez et coupez 2 oranges en rondelles. Recoupez celles-ci en quatre. Lavez 4 tomates et coupez-les en huit, en ôtant le pédoncule. Nettoyez 1 bouquet de ciboules ou pelez 2 oignons rouges. Coupez-les en anneaux ou en lanières. Mélangez 2 cuillerées à soupe de jus de citron avec du sel, 2 cuillerées à café de paprika doux et 1/2 cuillerée à café de cumin moulu. Incorporez 4 cuillerées à soupe d'huile d'olive. Mélangez la salade avec cet assaisonnement. Décorez d'olives et servez.

Melon et feta à la tapenade

Fromage et fruits, mais au début du repas !

Pour 4 personnes

1 1/2 cuillerée à café de graines de coriandre

100 g d'olives vertes dénoyautées

3 gousses d'ail

1/2 piment rouge

2 cuillerées à café de jus de citron

4 cuillerées à soupe d'huile d'olive

1/2 melon

150 g de feta

quelques brins de persil

1 Faites griller les graines de coriandre à sec dans une petite poêle pendant 1 à 2 minutes, jusqu'à ce qu'elles soient odorantes, puis pilez-les au mortier.

2 Coupez les olives en dés. Pelez l'ail et hachez-le. Lavez le piment, éliminez le pédoncule et les graines, puis hachez finement la chair.

3 Mettez les olives, l'ail, le piment, le jus de citron, l'huile d'olive et 2 cuillerées à soupe d'eau dans le mixeur. Réduisez le tout en purée. Incorporez la coriandre.

4 Ôtez les graines du melon à l'aide d'une cuillère. Pelez-le et coupez-le en cubes de 1 centimètre de côté. Coupez la feta en dés. Mélangez melon et feta dans un plat creux et arrosez de l'huile d'olive. Lavez, essuyez et effeuillez le persil. Parsemez-en le melon et la feta.

Préparation : 20 minutes
Servir avec de la pita, chaude de préférence
240 calories la part

Salade verte à la pistache

Un assaisonnement à se pâmer…

Pour 4 personnes

1 salade verte croquante (romaine, mélange de pissenlit et d'autres salades, etc.)

1 petit bouquet de menthe

1 botte de ciboules

50 g de pistaches décortiquées

1 orange non traitée

2 cuillerées à soupe de jus de citron

5 cuillerées à soupe d'huile d'olive

sel, poivre du moulin

1 pincée de cumin moulu

1 Triez la salade, lavez-la et essorez-la. Coupez les feuilles en petits morceaux. Lavez, essuyez et effeuillez la menthe. Éliminez les racines des ciboules. Lavez-les et coupez-les en fins anneaux. Mélangez le tout dans une jatte.

2 Râpez finement les pistaches (ou hachez-les au robot ménager). Faites-les griller à sec dans une poêle, sur feu moyen, jusqu'à ce qu'elles soient odorantes. Elles ne doivent pas brunir. Brossez l'orange sous l'eau chaude et râpez finement son zeste. Exprimez le jus d'une moitié de l'orange.

3 Mélangez le zeste et le jus d'orange, le jus de citron, les pistaches et l'huile d'olive en une sauce onctueuse. Salez, poivrez et ajoutez le cumin. Incorporez cet assaisonnement à la salade.

Préparation : 20 minutes
Servir avec de la pita ou de l'agneau
210 calories la part

Variante

Salade verte au berberis

Faites tremper 1 cuillerée à soupe de baies de berberis séchées dans 5 centilitres d'eau tiède pendant environ 1 heure. Mélangez-les avec 4 cuillerées à soupe d'huile d'olive, du sel et du poivre. Préparez la salade comme dans la recette précédente en ajoutant, le cas échéant, quelques morceaux de concombre. Incorporez l'assaisonnement au berberis, rectifiez si besoin le sel et le poivre, et servez aussitôt.

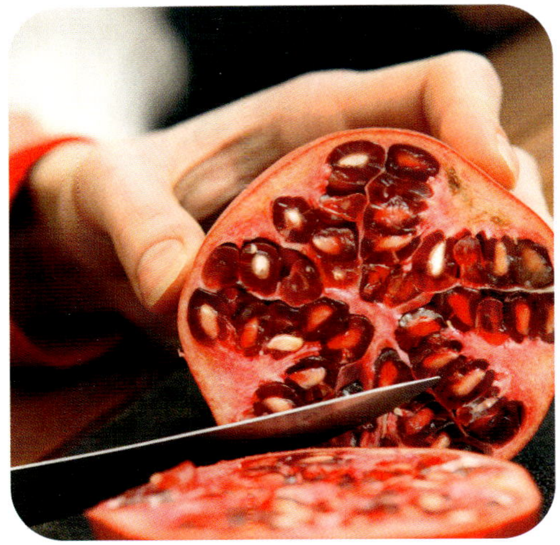

Betterave au yaourt

Aussi beau que bon

Pour 4 personnes

500 g de betteraves rouges cuites (sous vide en supermarché)

1 bouquet de menthe

4 gousses d'ail

300 g de yaourt

3 cuillerées à soupe de jus de citron

1 cuillerée à café de coriandre moulue

sel, poivre du moulin

1 Coupez les betteraves en très petits dés (elles sont généralement pelées). Attention : utilisez de préférence une vieille planche car la betterave est difficile à récurer !

2 Lavez, essuyez et équeutez la menthe. Hachez finement les feuilles. Pelez l'ail et coupez-le finement. Incorporez la menthe et le yaourt aux betteraves. Assaisonnez de jus de citron, de coriandre, de sel et de poivre.

Préparation : 15 minutes
Servir avec de la pita
85 calories la part

Notre conseil :

Si elles font gagner beaucoup de temps, les betteraves sous vide sont toujours un peu molles. Mais, avec le yaourt, cela ne pose pas de problème. Pour ceux qui veulent les cuire eux-mêmes : brossez les betteraves crues sous l'eau chaude. Mettez-les dans une casserole et couvrez-les d'eau. Posez le couvercle et faites chauffer. Laissez cuire 40 à 60 minutes sur feu moyen selon leur grosseur. Vérifiez la cuisson à la pointe d'un couteau : si elle pénètre facilement, c'est cuit. Rafraîchissez les betteraves sous l'eau froide, laissez-les refroidir puis pelez-les.

Salade de concombre à la grenade

Elle produit son effet !

Pour 4 personnes

1 grosse grenade

1 concombre

1 oignon rouge ou blanc

1/2 bouquet de menthe nana, de préférence

3 cuillerées à soupe de jus de citron

sel, poivre du moulin

1 Coupez la grenade en deux. Cassez les moitiés en morceaux avec les mains, au-dessus d'une jatte pour recueillir le jus. Ôtez les graines rouges avec les doigts, ainsi que les membranes blanches, amères. Mettez les graines dans la jatte.

2 Pelez le concombre et coupez-le en deux dans sa longueur. Ôtez les graines à l'aide d'une cuillère. Recoupez les moitiés en long, puis en fines lamelles dans la largeur. Pelez l'oignon. Coupez-le en quatre, puis en fines lanières.

3 Lavez, essuyez et équeutez la menthe. Hachez finement les feuilles. Mettez-les dans la jatte avec le concombre et l'oignon. Incorporez le jus de citron, du sel et du poivre. Laissez mariner environ 1 heure.

Préparation : 25 minutes (+ 1 heure de marinade)
Servir avec un poulet rôti à l'orientale (page 115) ou un gratin de riz à l'aubergine (page 102)
40 calories la part

C'est bon aussi :

Pour une salade crémeuse, incorporez à l'assaisonnement 2 ou 3 cuillerées à soupe de yaourt ou un peu d'huile.

Salade turque du berger
Simple et rapide

Pour 4 personnes

500 g de tomates fermes mûres

1 concombre

2 oignons rouges ou blancs

4 piments verts en saumure (moyennement forts ou doux)

200 g de fromage au lait de brebis (feta)

2 gousses d'ail

1/2 bouquet de menthe et 1/2 de persil

4 cuillerées à soupe de jus de citron

sel, poivre blanc moulu

6 cuillerées à soupe d'huile d'olive,

2 cuillerées à soupe d'olives noires

quartiers de citron pour décorer

1 Lavez les tomates et éliminez leur pédoncule. Pelez le concombre ou lavez-le. Coupez-le en deux dans sa longueur puis ôtez les graines. Coupez les tomates et le concombre en dés de 1 centimètre de côté. Pelez les oignons et coupez-les en quatre, puis en fines lanières.

2 Coupez les piments en anneaux moyens. Râpez grossièrement le fromage. Pelez l'ail et hachez-le finement ou écrasez-le au presse-ail. Lavez, essuyez et équeutez les herbes et hachez finement les feuilles.

3 Mélangez le jus de citron avec du sel, du poivre et l'ail. Incorporez l'huile d'olive. Mettez les tomates, le concombre, les oignons, les piments, le fromage et les herbes dans une jatte et mélangez. Incorporez délicatement l'assaisonnement pour ne pas écraser le fromage. Décorez la salade des olives et des quartiers de citron.

Préparation : 15 minutes
Servir avec de la pita
385 calories la part

Variante
Salade de tomates au piment

Lavez 600 grammes de tomates et hachez-les finement après avoir ôté les pédoncules. Lavez, essuyez et équeutez 1 bouquet de coriandre et hachez finement les feuilles. Lavez 2 piments rouges. Ôtez le pédoncule et hachez bien fin le reste. Lavez 1 botte de ciboules et hachez-les finement. Mélangez les tomates avec la coriandre, les piments, les ciboules et 2 ou 3 cuillerées à soupe d'huile d'olive. Assaisonnez de 1 cuillerée à soupe de jus de citron, de sel, de poivre et de 1 cuillerée à café de sucre. Réfrigérez. Cette salade est délicieuse dans un döner-kebab et avec une pizza turque ou des côtes d'agneau.

Salade de tomates rôties
Sucré et pimenté

Pour 4 personnes

800 g de tomates

5 cuillerées à soupe d'huile d'olive

2 cuillerées à soupe de miel

1 ou 2 cuillerées à soupe de jus de citron

1/2 cuillerée à café de harissa (page 95)

sel, poivre noir moulu

1/2 cuillerée à café de gingembre moulu

2 cuillerées à soupe d'amandes concassées

1 Lavez et coupez les tomates en deux. Rangez-les dans un plat à four, face coupée au-dessus. Arrosez de 4 cuillerées d'huile. Faites cuire 30 minutes à mi-hauteur à 150 °C.

2 Prélevez la pulpe des tomates et hachez-la. Versez le jus de cuisson dans une casserole et ajoutez le miel. Faites réduire. Ajoutez le jus de citron, la harissa, du sel, du poivre et le gingembre. Mélangez aux tomates. Faites revenir les amandes dans l'huile et parsemez-en le plat.

Préparation : 15 minutes (+ 30 de cuisson)
Servir avec de la pita
175 calories la part

Salade de carottes au miel

Pas cher

Pour 4 personnes

600 g de carottes (grosses de préférence)

1 oignon

4 gousses d'ail

1 piment rouge

4 cuillerées à soupe d'huile d'olive

sel

1/2 orange non traitée

1/2 bouquet de coriandre

1/2 bouquet de persil

3 cuillerées à soupe de jus de citron

1 cuillerée à soupe de miel liquide

1 cuillerée à café de paprika doux

1 Pelez les carottes et coupez-les en rondelles de 1/2 centimètre d'épaisseur. Pelez l'oignon et coupez-le en quatre. Recoupez les quarts en lanières d'environ 1/2 centimètre d'épaisseur. Pelez l'ail et émincez-le finement. Lavez le piment et coupez-le en deux dans la longueur. Éliminez le pédoncule, les graines et les filaments blancs. Coupez la pulpe en fines lanières. Lavez-vous immédiatement les mains et, même après, ne vous frottez pas les yeux !

2 Faites chauffer 2 cuillerées à soupe d'huile d'olive dans une cocotte. Faites-y revenir brièvement les carottes, l'oignon, l'ail et le piment. Versez 5 centilitres d'eau et salez. Couvrez et faites étuver 5 à 7 minutes sur feu moyen. Les carottes doivent être encore croquantes. Transférez le tout dans une jatte et laissez refroidir.

3 Lavez l'orange et prélevez le zeste sans la membrane blanche. Coupez-le en fines lanières. Pressez l'orange. Lavez, essuyez et équeutez les herbes. Hachez finement les feuilles.

4 Mettez le jus d'orange et de citron, le reste d'huile d'olive et le miel dans une coupelle. Fouettez jusqu'à dissolution du miel. Relevez l'assaisonnement avec le sel et le paprika, puis incorporez-le aux carottes. Avant de servir, laissez mariner si possible 1 heure. Si vous n'avez pas le temps, ce n'est pas grave. Parsemez des herbes hachées.

Préparation et cuisson : 25 minutes (+ 1 heure de marinade)
Servir avec n'importe quel hors-d'œuvre en été, mais aussi de la viande ou du poisson grillés
150 calories la part

Notre conseil :

Les oranges non traitées ne sont pas toujours faciles à trouver, sinon dans les magasins bio qui ne vendent aucun agrume traité.

C'est bon aussi :

Remplacez l'oignon par 1 botte de ciboules lavées et coupées en fins anneaux. Ne les faites pas cuire, mais ajoutez-les à la fin, avec la coriandre et le persil.

Variantes

Salade de carottes aux graines de grenade

Préparez les carottes et faites-les revenir sans l'oignon, l'ail ni le piment. Laissez refroidir. Pelez l'ail et hachez-le finement ou écrasez-le au presse-ail. Lavez, essuyez et équetez 1/2 bouquet de persil puis hachez finement les feuilles. Prélevez les graines de 1/2 grenade. Lavez 1 tomate et 1 branche de céleri. Coupez-les en dés. Mélangez le tout. Préparez un assaisonnement avec 4 cuillerées à soupe de jus de citron, 4 cuillerées à soupe d'huile d'olive, du sel et du poivre. Incorporez à la salade.

Salade de carottes à l'orange

Pelez 500 grammes de carottes et râpez-les finement. Pelez 2 oranges à vif (en ôtant la membrane blanche). Coupez la pulpe d'orange en dés. Lavez, essuyez et équeutez 1/2 bouquet de persil puis hachez finement les feuilles. Mélangez le jus de 1 orange avec 4 cuillerées à soupe de jus de citron, 2 cuillerées à soupe d'eau de fleur d'oranger et 2 cuillerées à soupe d'huile d'olive. Ajoutez du sel, du poivre et 1 cuillerée à café de miel. Mélangez la carotte, les dés d'orange et le persil avec cette sauce. Réfrigérez au moins 1 heure. Avant de servir, poudrez d'un peu de cannelle.

Salade de haricots verts à la menthe

Frais les haricots, de grâce !

Pour 4 personnes
500 g de haricots verts
sel
1 botte de ciboules
1 bouquet de menthe
2 tomates
2 gousses d'ail
4 cuillerées à soupe de jus de citron
1/2 cuillerée à café de paprika rose
poivre noir du moulin
4 cuillerées à soupe d'huile d'olive
quartiers de citron pour décorer

1 Lavez et équeutez les haricots verts. Portez 1 litre d'eau à ébullition dans une cocotte. Salez. Ajoutez les haricots puis couvrez. Faites cuire 8 à 12 minutes sur feu moyen. Goûtez pour vérifier la cuisson : les haricots doivent être encore croquants.

2 Rafraîchissez sous l'eau froide les haricots égouttés. Transférez-les dans une jatte.

3 Éliminez les racines et les feuilles vertes flétries des ciboules. Lavez celles qui restent et coupez-les en fins anneaux. Lavez, essuyez et équeutez la menthe. Coupez les feuilles en lanières. Lavez les tomates, éliminez leur pédoncule puis coupez-les en cubes. Pelez l'ail et hachez-le finement.

4 Pour la sauce, mélangez bien le jus de citron avec le paprika, du sel et du poivre. Incorporez l'huile d'olive en filet en fouettant. Mettez la sauce, les ciboules, les tomates, l'ail et la menthe dans la jatte. Remuez bien et goûtez : s'il y a suffisamment de sel et de poivre, décorez de quartiers de citron et servez.

Préparation et cuisson : 30 minutes
Servir avec de la pita
140 calories la part

Version rapide

Remplacez les haricots verts par des haricots blancs en boîte et les ciboules par 1 ou 2 oignons rouges. Pelez les oignons et coupez-les en deux, puis en lanières. Mélangez-les avec les haricots blancs et le reste des ingrédients.

Salade jaune au chou-fleur

La couleur fait tout !

Pour 4 personnes
1 petit chou-fleur (environ 800 g)
sel
1/2 cuillerée à soupe de curcuma moulu
1/2 bouquet de persil
1/2 bouquet de menthe
1/2 bouquet de coriandre
1 cuillerée à soupe de pâte de sésame *(tahini)*
2 cuillerées à soupe de yaourt
3 ou 4 cuillerées à soupe de jus de citron
1 cuillerée à café de paprika doux
2 cuillerées à soupe d'huile d'olive
4 cuillerées à soupe de pignons de pin ou de graines de tournesol

1 Séparez le chou-fleur en bouquets, coupez les tiges en dés puis lavez le tout. Versez 2 litres d'eau dans une cocotte. Ajoutez du sel et le curcuma et portez à ébullition. Jetez-y les bouquets et les dés de chou-fleur. Couvrez et faites cuire 5 à 8 minutes sur feu moyen : le chou-fleur doit être encore croquant.

2 Égouttez le chou-fleur dans une passoire et rafraîchissez-le sous l'eau froide. Laissez refroidir.

3 Pendant ce temps, lavez, essuyez et équeutez les herbes. Hachez finement les feuilles. Pour la sauce, battez la pâte de sésame, le yaourt et le jus de citron au fouet à main. Salez et ajoutez le paprika.

4 Faites chauffer l'huile dans une poêle. Faites-y dorer les pignons de pin ou les graines de tournesol à feu moyen, en remuant. Mélangez le chou-fleur et les herbes et transférez-les dans un plat. Arrosez de la sauce et parsemez des pignons de pin.

Préparation et cuisson : 30 minutes
Servir avec de la pita et quelques olives
175 calories la part

Variante

Salade rouge au chou-fleur

Remplacez la moitié de l'eau par du jus de betterave ou teintez-la au colorant alimentaire rouge. Puis procédez comme dans la recette précédente.

Salade de légumes chauds

Multicolore et délicieuse

Pour 4 personnes

1 grosse aubergine (environ 500 g)
1 gros poivron rouge
1 gros poivron vert
2 oignons
4 gousses d'ail
1 bouquet de persil
4 cuillerées à soupe d'huile d'olive
2 cuillerées à café de sucre
1/2 cuillerée à soupe de paprika doux
6 cuillerées à soupe de jus de citron
1 cuillerée à café de cumin moulu
sel, poivre noir du moulin
1 cuillerée à café de sumac

1 Préchauffez le four à 250 °C (chaleur tournante : 220 °C).

2 Lavez l'aubergine et coupez-la en deux dans sa longueur. Lavez les poivrons et ouvrez-les en deux. Éliminez le pédoncule, les graines et les filaments blancs. Tapissez la lèchefrite de papier sulfurisé et rangez-y les légumes, peau au-dessus. Passez-les au four environ 20 minutes, à mi-hauteur, jusqu'à ce que leur peau se boursoufle et noircisse.

3 Ôtez les légumes du four et laissez-les tiédir. Pelez les poivrons et coupez la pulpe en cubes. Prélevez la chair des aubergines et coupez-la en cubes.

4 Pelez les oignons et l'ail puis hachez-les finement. Lavez, essuyez et équeutez le persil. Hachez finement les feuilles.

5 Faites chauffer l'huile d'olive dans une poêle. Faites-y revenir l'oignon et l'ail 3 ou 4 minutes à feu moyen. Poudrez de sucre et faites cuire jusqu'à ce que l'oignon soit doré. Ajoutez le paprika.

6 Mettez le poivron, l'aubergine et la moitié du persil dans la poêle. Remuez et réchauffez. Ajoutez le jus de citron, le cumin, du sel et du poivre. Répartissez le tout dans un plat. Parsemez du reste du persil et du sumac, et servez chaud.

Préparation et cuisson : 45 minutes
Servir avec de la pita et un hors-d'œuvre froid au yaourt
155 calories la part

Salade au pain

En Syrie, on l'appelle *fattouche*

Pour 4 personnes

1 pita

3 tomates

1 poivron vert

1 petit concombre

1 poignée de salade verte (romaine, pissenlit, pourpier, etc.)

1 bouquet de persil

1/2 bouquet de menthe

2 gousses d'ail

1 botte de ciboules

6 cuillerées à soupe de jus de citron

6 cuillerées à soupe d'huile d'olive

1 cuillerée à café de sumac

sel, poivre du moulin

1 Préchauffez le four à 250 °C (chaleur tournante : 220 °C) ou le gril du four. Coupez la pita en deux dans sa hauteur. Rangez les deux moitiés sur la lèchefrite, face coupée en l'air. Faites dorer environ 5 minutes à mi-hauteur. Lorsqu'elle est bien croustillante, sortez-la et laissez tiédir, puis cassez-la en morceaux.

2 Lavez les légumes. Éliminez le pédoncule des tomates, le pédoncule, les graines et les filaments blancs du poivron. Coupez tomates, poivron et concombre en dés. Lavez la salade et coupez-la en morceaux. Lavez, essuyez et équeutez les herbes. Hachez les feuilles bien fin.

3 Pelez l'ail et hachez-le finement. Éliminez les racines des ciboules. Lavez les ciboules et coupez-les en fins anneaux, vert compris.

4 Mélangez le jus de citron, l'huile d'olive, le sumac, du sel et du poivre. Incorporez cette sauce aux ingrédients préparés et laissez mariner 30 minutes. Mélangez à nouveau et goûtez. Si nécessaire, rectifiez l'assaisonnement. Sinon, servez tout de suite.

Préparation et cuisson : 20 minutes (+ 30 minutes de marinade)
Servir avec quelques olives et, pour une fois, sans pita.
540 calories la part

Salade de pois chiches

Rassasiant

Pour 4 personnes

1 boîte de pois chiches (400 g)

1 oignon rouge

1 petit poivron rouge

1 petit poivron vert

1 branche de céleri

3 tomates

1/2 bouquet de persil

2 cuillerées à soupe d'olives vertes

3 gousses d'ail

50 g de pâte de sésame (*tahini*)

60 g de yaourt

3 cuillerées à soupe de jus de citron

sel, poivre noir du moulin

1 cuillerée à café de paprika doux

2 cuillerées à soupe de vinaigre de vin rouge

4 cuillerées à soupe d'huile d'olive

100 g de fromage au lait de brebis (feta)

1 Rincez les pois chiches sous l'eau froide. Égouttez-les. Pelez l'oignon, coupez-le en quatre, puis en fines lanières. Lavez les

légumes. Coupez le poivron en deux et ôtez le pédoncule, les graines et les filaments blancs. Coupez le pied du céleri et, le cas échéant, effilez-le. Éliminez le pédoncule des tomates. Coupez le poivron et les tomates en cubes et le céleri en fines lamelles.

2 Lavez, essuyez et équeutez le persil. Hachez finement les feuilles. Dénoyautez les olives et coupez-les en rondelles. Pelez l'ail et hachez-le bien fin.

3 Mélangez l'ail, la pâte de sésame, le yaourt, 1 cuillerée à soupe d'eau et le jus de citron au mixeur. Salez, poivrez et ajoutez le paprika. Mélangez le vinaigre et l'huile, puis salez et poivrez.

4 Mélangez les pois chiches avec l'oignon, le poivron, le céleri, la tomate, le persil et les olives. Incorporez la vinaigrette. Répartissez la salade dans des coupelles ou des assiettes. Émiettez le fromage et garnissez-en le tour de la salade. Arrosez le centre d'un peu de sauce au sésame. C'est prêt !

Préparation : 25 minutes
Servir avec de la pita
345 calories la part

C'est bon aussi :

Remplacez les pois chiches par des haricots blancs (en bocal), le céleri par du concombre et le fromage par des œufs durs coupés en quatre et placés autour de la salade.

Taboulé

Le vert domine !

Pour 4 personnes

200 g de boulgour fin (en épicerie orientale) ou de couscous

2 ou 3 bouquets de persil (selon la taille du bouquet, mais il en faut beaucoup)

1/2 bouquet de menthe (qu'on peut remplacer par du persil)

3 tomates

4 ciboules

1 piment vert (pour ceux qui aiment les plats épicés)

5 cuillerées à soupe de jus de citron

5 cuillerées à soupe d'huile d'olive

sel, poivre noir du moulin

1 Mettez le boulgour ou le couscous dans une jatte. Couvrez d'eau tiède à hauteur et laissez gonfler 20 minutes.

2 Pendant ce temps, lavez, essuyez et équeutez les herbes. Hachez très finement les feuilles. Ôtez le pédoncule des tomates, arrosez celles-ci d'eau bouillante, puis rafraîchissez-les sous l'eau froide. Pelez-les, coupez-les en deux et éliminez les graines. Coupez la pulpe en dés. Éliminez les racines des ciboules. Lavez les ciboules et coupez-les très finement. Lavez le piment et coupez-le en deux dans sa longueur. Ôtez le pédoncule, les graines et les filaments blancs. Hachez la pulpe bien fin.

3 Égouttez le boulgour ou le couscous dans une passoire. Mélangez le jus de citron avec l'huile, le sel et le poivre. Incorporez au boulgour. Ajoutez les légumes, le piment et les herbes et mélangez bien. Le cas échéant, rectifiez l'assaisonnement. Servez.

Préparation : 35 minutes
Servir avec des feuilles de salade verte pour décorer
295 calories la part

C'est bon aussi :

Incorporez des dés de concombre au taboulé et poudrez de cumin moulu et de paprika rose.

Cuisine

Parfum de *falafel* et de *kebab*

de la rue

Quittons la maison, passons le portail et laissons derrière nous la paisible cour intérieure dans laquelle la brise caresse silencieusement les voilages.

Entrons dans le flux incessant des ruelles où les marchands nous hèlent, où le moka nous appelle. Une gorgée, un soupir, et nous continuons en suivant le courant.

Parfum de brochettes d'agneau, de *pita* fraîchement sortie du four, de *kebabs* et de *falafels*, senteurs d'Orient sous le soleil de midi. Pause. Asseyons-nous pour déguster un *döner-kebab* en toute tranquillité. Avec beaucoup d'ail si possible !

Boisson d'Orient

Moka à la cardamome

Rien de plus délicieux qu'un arabica préparé à l'orientale, bien sucré, avec son marc et un soupçon de cardamome. Qu'il s'agisse de *kahve* turc ou de *moka* arabe, le café, l'eau et (généralement) le sucre sont mélangés sur le feu. Le breuvage est ensuite remué et versé, moussant et parfumé, dans les tasses ou les verres. Nous mêlons les traditions et empruntons au *kahve* sa préparation la plus simple et au *moka* son goût épicé (la cardamome). Un ustensile est indispensable, le *cezve* comme les Turcs appellent la petite cafetière en cuivre dans laquelle le café mousse le mieux. Vous la trouverez dans les épiceries turques, ainsi que le *moka* finement moulu.

Pour deux portions, versez dans la cafetière 12,5 cl d'eau. Ajoutez lentement 2 cuillerées à café de sucre, 2 bonnes cuillerées à soupe de *moka* turc (exclusivement !) et 2 graines de cardamome, puis mélangez sans toucher les bords de la cafetière avec la cuillère, comme l'exige le rituel. Placez la cafetière sur le feu et continuez de remuer de l'extérieur vers l'intérieur, c'est ainsi que le café mousse le mieux. Juste avant l'ébullition, versez une gorgée de *moka* dans chaque tasse pour la réchauffer. Remettez sur le feu jusqu'à ce que le café commence à frémir. Versez-le avec beaucoup de mousse dans les tasses et laissez reposer quelques instants pour que le marc se dépose. Savourez !

De la

pomme...

...au repas du soir

Tout a commencé avec une pomme et s'est terminé par un repas. La nourriture est présente à chaque page ou presque de la Bible. Rien d'étonnant puisque le livre vient d'Orient où l'on s'entend aussi bien à savourer les bonnes choses de la vie qu'à mêler la sagesse au quotidien. De préférence autour d'un repas. Que le fils prodigue revienne chez lui ou que trois anges apparaissent à Abraham, on tue toujours un jeune animal pour souligner l'importance de l'événement. La viande était réservée aux seuls jours de fête et celle de l'agneau ou du veau était particulièrement appréciée.

Joseph fut échangé à des marchands par ses frères contre des « sacs remplis d'épices », Jacob acheta le droit d'aînesse de son frère avec une assiette de lentilles, Jésus nourrit cinq mille personnes avec cinq pains et deux poissons. Les histoires de la Bible nous dévoilent ce que mangeaient les gens de l'époque : du pain, du poisson, des légumes secs pour le peuple, épicés d'herbes bibliques telles que l'aneth, la coriandre, l'origan, le persil, le thym. La viande et les épices étaient réservées aux riches.

Une légende garde encore tout son mystère : après l'exode d'Égypte, alors que les fils d'Israël affamés marchaient dans le désert en rêvant de ragoûts, de poisson à l'ail et aux oignons, Dieu fit tomber du ciel une pluie de cailles. Elles sont, aujourd'hui encore, un véritable luxe en Orient. Quant aux graines qui, dès lors, se trouvèrent chaque jour sur le pain et rassasièrent le peuple jusqu'à son arrivée sur la Terre promise, Moïse les décrit « semblables à des graines de coriandre blanches » avec « un goût de miel » et les appelle « manne ». Nul ne sut jamais ce qu'elles étaient.

◊ Un conseil du djinn ◊

Du marchandage

Rusé djinn !

J'ai acheté une ceinture à notre ami. Et je n'ai même pas marchandé car le prix me semblait correct. Mais à l'étal suivant, on n'a rien voulu me donner. Pourquoi ?

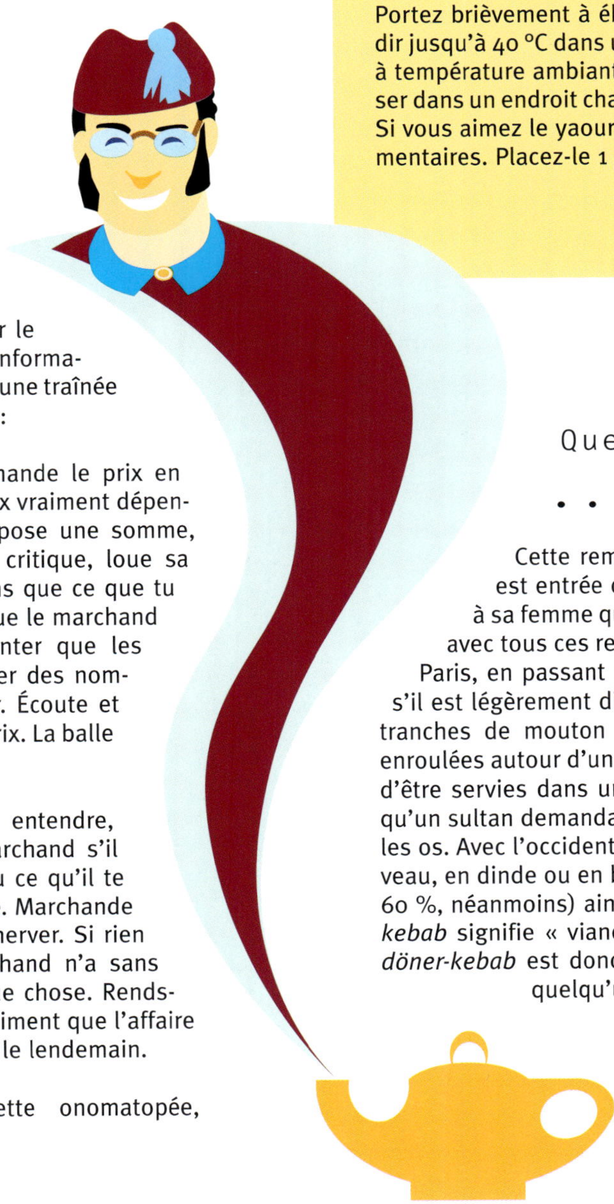

Tss, tss*, mon ami, il te faut (!) toujours marchander, même si le prix te paraît tout à fait convenable. Le marchand se sent vexé si tu ne te donnes pas la peine de discuter le prix de ses marchandises. Et cette information se répand dans le souk comme une traînée de poudre. Un peu d'entraînement :

Si quelque chose t'intéresse, demande le prix en passant et réfléchis à ce que tu veux vraiment dépenser pour l'avoir. Lorsqu'on te propose une somme, regarde la marchandise d'un œil critique, loue sa beauté et annonce ton prix – moins que ce que tu veux payer et bien moins que ce que le marchand en demande. Il va alors te raconter que les affaires sont mauvaises et te parler des nombreuses bouches qu'il doit nourrir. Écoute et attend qu'il te donne un nouveau prix. La balle est de nouveau dans ton camp.

Si vous ne parvenez pas à vous entendre, repose l'objet et demande au marchand s'il n'en a pas de meilleure qualité ou ce qu'il te donne en plus pour le prix proposé. Marchande toujours honnêtement et sans t'énerver. Si rien ne fonctionne, c'est que le marchand n'a sans doute pas envie de vendre quelque chose. Rends-toi à l'étal suivant en déplorant poliment que l'affaire ne se soit pas conclue... et reviens le lendemain.

* Pour la signification de cette onomatopée, rendez-vous page 145.

Basiques orientaux faits maison

Yaourt

Le yaourt est le lait de l'Orient. La raison en est simple : à cause de la chaleur, le produit de la traite des vaches, des chèvres ou des brebis (parfois des juments ou des bufflonnes) ne parvenait que rarement frais sur la table. On en faisait immédiatement du yaourt. Très facile, même sans yaourtière.

Portez brièvement à ébullition 1 litre de lait entier et laissez-le refroidir jusqu'à 40 °C dans un endroit chaud. Ajoutez 1 verre de yaourt lisse, à température ambiante, remuez, couvrez et laissez de nouveau reposer dans un endroit chaud (à environ 40 °C) pendant au moins 8 heures. Si vous aimez le yaourt très acide, laissez-le reposer 8 heures supplémentaires. Placez-le 1 jour ou 2 dans le réfrigérateur et dégustez.

Que signifie...

...*döner-kebab* ?

Cette remarque d'un psychiatre viennois un peu étourdi est entrée dans la légende : en plein quartier turc, il glissa à sa femme que ce Döner devait être un homme dur à la tâche, avec tous ces restaurants à son nom ! Il est vrai que de Vienne à Paris, en passant par Berlin, le *döner* est chez lui partout, même s'il est légèrement différent à Istanbul, sa ville d'origine. Là-bas, les tranches de mouton ou d'agneau sont garnies de viande hachée, enroulées autour d'une broche et grillées sur du charbon de bois avant d'être servies dans une assiette. Le *döner* est présenté ainsi depuis qu'un sultan demanda à manger de l'agneau grillé sans avoir à ronger les os. Avec l'occidentalisation du *döner*, l'agneau s'est transformé en veau, en dinde ou en bœuf, la viande hachée est apparue (pas plus de 60 %, néanmoins) ainsi que la galette de pain. Ici comme en Turquie, *kebab* signifie « viande grillée » et *döner* désigne la « broche ». Le *döner-kebab* est donc une brochette de viande grillée. Il paraît que quelqu'un a cherché, un jour, à déposer le nom pour faire passer à la caisse tous les *döner* du monde. Le psychiatre viennois n'était peut-être pas si loin de la vérité, après tout !

Pita

Elle est là à presque tous les repas

Pour 2 pitas

500 g de farine + un peu pour le plan de travail

1 cuillerée à café bombée de sel

30 g de levure de boulanger

2 cuillerées à café de sucre

3 cuillerées à soupe d'huile neutre + un peu pour les doigts

1 œuf

4 cuillerées à soupe de graines de sésame

1 cuillerée à soupe de cumin noir

1 Mélangez la farine et le sel dans une jatte. Émiettez la levure et délayez-la dans 35 centilitres d'eau tiède additionnée de 1 cuillerée à café de sucre.

2 Ajoutez la levure délayée dans l'eau à la farine, ainsi que 2 cuillerées à soupe d'huile. Pétrissez le tout à l'aide des fouets à pâte du batteur électrique. À ce stade, la pâte est si souple qu'elle colle aux doigts : ne vous avisez pas de la travailler avec les mains.

3 Couvrez la pâte d'un linge et laissez-la reposer environ 40 minutes. Posez-la sur le plan de travail bien fariné et pétrissez-la vigoureusement au moins 5 minutes avec les mains. Remettez-la dans la jatte, couvrez et laissez reposer 40 minutes de plus.

4 Préchauffez le four à 250 °C (chaleur tournante 220 °C). Tapissez 2 tôles à four de papier sulfurisé. Pétrissez la pâte et divisez-la en deux. Abaissez chaque moitié en un cercle d'environ 25 centimètres de diamètre. Rangez les cercles sur les tôles.

5 Mélangez l'œuf avec le reste du sucre et de l'huile. Huilez le bout de vos doigts et tracez un motif de losanges sur chaque cercle de pâte. Badigeonnez la pâte de mélange à l'œuf. Mélangez le sésame et le cumin noir et parsemez-en les cercles.

6 Faites cuire les pitas en deux fournées 12 à 15 minutes à mi-hauteur du four. À mi-cuisson, versez un peu d'eau froide sur la sole du four et refermez immédiatement la porte. Laissez refroidir les pitas sur une grille à pâtisserie.

Préparation : 30 minutes (+ 2 petites heures de repos et de cuisson)
Servir avec tous les hors-d'œuvre, mais aussi les plats de viande, poisson et légumes
1265 calories la pita

Variantes

Pita au sumac

Préparez la pâte, puis laissez-la reposer. Mélangez 1 cuillerée à soupe de thym séché avec 1 cuillerée à soupe de sumac, 1 cuillerée à soupe de graines de sésame, du sel, du poivre concassé et 1/2 cuillerée à café de sucre. Formez les pitas et faites-les cuire 5 minutes. Badigeonnez-les d'eau, poudrez-les du mélange d'épices et terminez la cuisson.

Pita à la farine complète

Remplacez la moitié de la farine par de la farine complète ou du gruau. Pendant le pétrissage, ajoutez un peu plus d'eau car la farine complète en absorbe davantage. Formez les pitas et faites-les cuire comme indiqué.

Petites galettes

Utilisez tout le cube de levure (42 grammes) et remplacez 100 grammes de farine par de la farine complète. Préparez la pâte comme indiqué. Formez 6 ou 7 petites pitas et laissez-les reposer 15 minutes de plus sur la tôle avant de les faire cuire 10 minutes. Elles gonfleront plus que la pita normale et seront donc encore plus faciles à fourrer.

Pita au beurre

Faites fondre 60 grammes de beurre sans le laisser brunir. Délayez 30 grammes de levure de boulanger dans 17,5 centilitres d'eau avec 1 cuillerée à café de sucre. Ajoutez le mélange à 500 grammes de farine et 1 œuf, puis mélangez. Ajoutez le beurre et 1 1/2 cuillerée à café de sel et pétrissez brièvement. Divisez en deux et formez des cercles. Rangez les cercles sur du papier sulfurisé, couvrez et laissez reposer environ 1 heure. Badigeonnez avec 1 jaune d'œuf et faites cuire environ 20 minutes à 200 °C (chaleur tournante : 180 °C).

Petites couronnes au sésame

Préparez une pâte avec 500 grammes de farine, du sel, 20 grammes de levure de boulanger et environ 30 centilitres d'eau tiède. Laissez reposer. Divisez la pâte en 8. Roulez chaque portion en boudin et formez 8 couronnes. Badigeonnez à l'œuf, parsemez de sésame et laissez reposer 15 minutes de plus. Faites cuire environ 20 minutes à 200 °C (chaleur tournante : 180 °C).

Petits pains sucrés

Délicieux au petit déjeuner : délayez 1 cube de levure de boulanger (42 grammes) dans 17 centilitres de lait tiède avec 1 cuillerée à café de sucre. Laissez reposer un instant. Faites griller à sec 1 cuillerée à soupe de graines de sésame dans une poêle. Pilez-les au mortier. Mélangez avec 500 grammes de farine et 50 grammes de sucre. Mélangez le lait à la levure avec 50 grammes de beurre fondu, 5 cuillerées à soupe d'huile neutre, 1 œuf et 5 cuillerées à soupe d'eau de fleur d'oranger. Pétrissez. Transférez la pâte dans une jatte, couvrez et laissez reposer environ 40 minutes. Pétrissez à nouveau et formez 10 petits pains. Rangez-les sur la tôle du four tapissée de papier sulfurisé. Couvrez et laissez reposer 30 minutes de plus. Badigeonnez de 1 jaune d'œuf, parsemez de sésame et faites cuire 15 minutes à 200 °C (chaleur tournante : 180 °C).

Pita à la poêle

Facile à garnir

Pour 12 pitas

- 500 g de farine + un peu pour le plan de travail
- 25 g de levure de boulanger
- 1 cuillerée à café de sucre
- 1 cuillerée à café de sel

1 Mettez la farine dans une jatte. Émiettez la levure et délayez-la dans 28 centilitres d'eau tiède avec le sucre. Ajoutez à la farine avec le sel et pétrissez vigoureusement. Couvrez et laissez reposer 1 heure.

2 Pétrissez à nouveau la pâte vigoureusement sur le plan de travail fariné. Divisez-la en 12 et formez des galettes fines.

3 Faites chauffer une poêle antiadhésive. Faites-y cuire les pitas en plusieurs fois sur feu vif, 1 ou 2 minutes de chaque côté. Au fur et à mesure, couvrez les pitas cuites d'un linge pour qu'elles restent chaudes et souples.

Préparation et cuisson : 1 heure (+ 1 heure de repos)
Servir avec tout ce qui peut garnir une pita fine : brochette de viande et même hors-d'œuvre
155 calories la pita

Pizza turque à la viande

N'en déplaise aux Italiens !

Pour 4 personnes

Pour la pâte :

10 g de levure de boulanger

1/2 cuillerée à café de sucre

400 g de farine

1 cuillerée à café de sel

1 cuillerée à soupe d'huile

Pour la garniture :

2 oignons et 2 gousses d'ail

2 cuillerées à soupe d'huile d'olive

400 g d'épaule d'agneau ou d'escalope de veau

2 tomates

1 bouquet de persil

2 cuillerées à café de concentré de tomates

2 cuillerées à café de paprika doux

1 cuillerée à soupe de sumac

sel, poivre du moulin

1 Pour la pâte, délayez la levure dans 25 centilitres d'eau tiède avec le sucre. Ajoutez à la farine avec le sel et l'huile. Pétrissez le tout en une pâte lisse. Ramassez en boule, couvrez et laissez reposer 1 heure.

2 Pour la garniture : pelez les oignons et l'ail et coupez-les en petits dés. Chauffez l'huile et faites-y revenir l'oignon et l'ail environ 5 minutes sur feu moyen, en remuant. Transférez dans une jatte.

3 Ôtez le gras et dénervez la viande. Taillez-la en dés puis, sur une planche, hachez-la à l'aide d'un grand couteau. Ajoutez à l'oignon.

4 Préchauffez le four à 230 °C. Éliminez le pédoncule des tomates et plongez celles-ci brièvement dans de l'eau en ébullition. Pelez-les, coupez-les en deux, éliminez les graines. Coupez la pulpe en dés. Lavez, essuyez et équeutez le persil. Hachez finement les feuilles. Mettez les tomates, le persil, le concentré de tomates, le paprika et le sumac dans la jatte. Mélangez bien. Salez et poivrez.

5 Pétrissez la pâte sur le plan de travail fariné. Divisez-la en 8 et abaissez chaque portion en un cercle peu épais. Tapissez la tôle du four de papier sulfurisé. Rangez-y la première fournée de pizzas (4, en principe) et nappez de garniture.

6 Glissez les pizzas à mi-hauteur du four et versez 1/2 tasse d'eau froide sur la sole du four Fermez la porte et faites cuire 8 à 10 minutes. La viande doit être cuite, mais la pâte assez souple. Ôtez du four, roulez et croquez ! Faites cuire l'autre fournée.

Préparation : 50 minutes (+ 1 heure 10 de repos et de cuisson)
Servir avec : de la salade de tomates au piment (page 49) dont vous garnissez les pizzas avant de les rouler.
550 calories la part

Variante

Pizza au fromage de brebis

Remplacez la viande hachée par 300 grammes de fromage au lait de brebis (feta) émietté. Réduisez le tout en purée avec 200 grammes de yaourt au lait de brebis. Incorporez 1 gros œuf et garnissez les pizzas. Parsemez de cumin noir et faites cuire. Parsemez d'anneaux de piment vert, roulez et dégustez !

Sandwich tunisien

Un en-cas de luxe

Pour 4 personnes

3 poivrons (2 rouges et 1 vert)

3 tomates

2 gousses d'ail

1 cuillerée à café de graines de coriandre

2 cuillerées à soupe de jus de citron

3 cuillerées à soupe d'huile d'olive

sel, poivre du moulin

1 boîte de thon (à l'huile d'olive, 185 g)

1 cuillerée à soupe de câpres

1 cuillerée à café de harissa (page 95)

4 petites pitas (voir page 61 ou achetées)

4 à 8 feuilles de salade pour la garniture

1 Préchauffez le four à 250 °C. Tapissez la lèchefrite de papier sulfurisé. Lavez les poivrons et les tomates et coupez-les en deux. Ôtez les pédoncules et les graines des poivrons. Rangez les légumes sur le papier, peau au-dessus. Ajoutez l'ail non pelé. Faites cuire 20 minutes à mi-hauteur du four, jusqu'à ce que la peau des poivrons noircisse.

2 Ôtez les légumes du four et laissez-les tiédir. Pelez les poivrons et les tomates. Prélevez une partie des graines à l'aide d'une cuillère. Coupez les gousses d'ail en deux.

3 Empilez les poivrons, les tomates et l'ail sur une planche de bois. Hachez-les à l'aide d'un grand couteau et transférez dans une jatte. Pilez finement la coriandre au mortier. Ajoutez-la aux légumes avec le jus de citron et 2 cuillerées à soupe d'huile, salez et poivrez.

4 Égouttez le thon et émiettez-le. Mélangez-le avec les câpres, la harissa et le reste de l'huile. Salez. Ouvrez les pitas. Lavez et essuyez les feuilles de salade, placez-les sur la partie inférieure des pitas. Recouvrez de salade au poivron et à la tomate (cela s'appelle une *mechouia* et fait aussi un délicieux hors-d'œuvre) et de thon. Refermez les pitas.

Préparation : 20 minutes (+ 20 minutes de cuisson)
575 calories la part

Cornet oriental
Pour être rassasié

Pour 4 personnes

Pour la pâte :

10 g de levure de boulanger

1/2 cuillerée à café de sucre

400 g de farine

1 cuillerée à café de sel

1 cuillerée à soupe d'huile

Pour la garniture :

150 g de boulgour fin (en épicerie orientale)

2 tomates, 2 gousses d'ail

1/2 bouquet de persil et 1/2 de menthe

2 cuillerées à soupe de jus de citron

4 cuillerées à soupe d'huile d'olive

sel, poivre du moulin

200 g de gigot d'agneau ou de filet de bœuf

1 cuillerée à café de cumin moulu

4 à 8 feuilles de salade pour la garniture

1 Préparez la pâte à pizza et laissez reposer.

2 Couvrez le boulgour d'eau tiède et laissez gonfler 30 minutes. Lavez les tomates et coupez-les en dés. Pelez l'ail et hachez-le. Lavez, essuyez, équeutez les herbes et hachez-les. Égouttez le boulgour et mélangez-le avec ces ingrédients. Ajoutez le jus de citron et 2 cuillerées à soupe d'huile. Salez et poivrez.

3 Coupez la viande en lanières et mélangez-la avec du sel, du poivre et le cumin. Formez des pitas peu épaisses avec la pâte. Faites-les cuire comme la pizza. Tenez-les au chaud dans un linge. Lavez et essuyez la salade.

4 Faites chauffer le reste de l'huile. Faites-y revenir la viande 2 à 3 minutes sur feu vif. Garnissez les pitas de salade, de salade de boulgour, de lanières de viande et de houmous (page 40). Roulez et régalez-vous !

Préparation et cuisson : 30 minutes (+ 1 heure de repos et de trempage)
845 calories la part

Rouleaux au fromage de brebis

Alias *börek-cigarettes*

Pour 4 personnes en entrée ou à grignoter avec du vin

400 g de fromage au lait de brebis (feta)
1/2 bouquet d'aneth et 1/2 de persil
2 œufs
1 cuillerée à café de paprika rose
poivre du moulin
6 feuilles rondes de pâte *yufka* ou *filo*
75 cl d'huile de friture

1 Goûtez un petit morceau de fromage : s'il est très salé, faites-le tremper 15 minutes dans de l'eau froide. Ôtez-le de l'eau et écrasez-le finement à la fourchette.

2 Lavez et essuyez les herbes. Éliminez les grosses tiges et hachez très finement le reste. Mélangez les herbes et les œufs avec le fromage. Ajoutez le paprika et du poivre. Ne salez pas.

3 Séparez les feuilles de pâte avec précaution car elles se déchirent facilement. Superposez les feuilles deux par deux et découpez-les en 16 « parts de tarte » égales.

4 Répartissez la garniture sur la partie étroite des feuilles. Badigeonnez les bords d'eau froide. Roulez en cigarettes en commençant par la partie étroite. Pincez bien les bords ensemble.

5 Faites chauffer l'huile dans une cocotte. Pour vérifier si elle est assez chaude, plongez-y le manche d'une cuillère en bois : si des bulles s'agglutinent autour, la température est bonne.

6 Faites dorer les rouleaux environ 3 minutes dans l'huile, en plusieurs fois. Ôtez-les à l'aide d'une écumoire et égouttez-les sur plusieurs épaisseurs de papier absorbant. Quand tous les rouleaux sont cuits, servez très chaud.

Préparation et cuisson : 1 heure
Servir avec du yaourt au concombre (page 43, en supprimant les raisins secs et les noix et en ajoutant de l'ail)
595 calories la part

Briouats farcis à la viande hachée

Appelés aussi *boureks* ou *briks*

Pour 6 personnes en entrée ou 4 en plat principal

1 petit oignon
4 gousses d'ail
2 cuillerées à soupe d'huile
1/2 bouquet de persil
1/2 bouquet de menthe
250 g d'agneau ou de bœuf haché
1 cuillerée à café de paprika doux
1 cuillerée à café de muscade fraîchement râpée
1 cuillerée à café de coriandre moulue
1 cuillerée à soupe de jus de citron
Sel, poivre du moulin
2 feuilles de *yufka* ou 4 feuilles de pâte *filo* (carrées, de préférence) ou
4 feuilles de pâte feuilletée surgelée et un peu de farine
60 g de beurre

1 Pelez l'oignon et l'ail et coupez-les en très petits dés. Chauffez l'huile dans une poêle. Faites-y revenir l'oignon et l'ail 10 minutes sur feu doux, sans coloration. Transférez-les dans une jatte.

2 Lavez, essuyez et équeutez les herbes. Hachez très finement les feuilles. Ajoutez-les dans la jatte avec la viande. Incorporez le paprika, la muscade, la coriandre et le jus de citron. Salez et poivrez. Mélangez soigneusement.

3 Pour la pâte *yufka* : séparez les feuilles avec précaution. Faites fondre le beurre sans coloration. Découpez la pâte en bandes de 10 centimètres sur 20. Badigeonnez-les de beurre fondu.

4 Pour la pâte *filo* : badigeonnez 2 feuilles d'un peu de beurre. Recouvrez chacune d'une feuille non beurrée et découpez en bandes comme pour la pâte *yufka*.

5 Pour la pâte feuilletée : faites décongeler les feuilles sous un linge (pour qu'elles ne sèchent pas) pendant 15 à 20 minutes. Farinez légèrement le plan de travail et abaissez-les le plus finement possible. Découpez-les en bandes comme pour les autres pâtes.

6 Pour former des triangles avec des bandes, commencez par la gauche : placez 1 cuillerée à soupe de farce sur le premier tiers, près du bord inférieur (photo 1). Repliez le bord supérieur sur la farce : on obtient le premier triangle (photo 2). Rabattez deux fois ce triangle vers la droite : il reste une bordure de pâte que vous rabattez sur le triangle (photo 3).

7 Préchauffez le four à 200 °C (chaleur tournante : 180 °C). Tapissez la lèchefrite de papier sulfurisé. Rangez les *briouats* sur la lèchefrite et badigeonnez-les du reste du beurre fondu. Faites cuire environ 15 minutes à mi-hauteur, jusqu'à ce qu'ils soient dorés. Servez chaud ou tiède.

Préparation : 45 minutes (+ 15 minutes de cuisson + décongélation de la pâte feuilletée)
Servir avec du yaourt au concombre (page 43, éventuellement sans raisins secs), une salade de tomates rôties au four (page 49) ou de la pâte de poivrons pimentée (page 40)
260 calories la part

C'est bon aussi :

Badigeonnez les bords de pâte de blanc d'œuf pour qu'ils adhèrent bien ensemble. Faites frire les *briouats* 3 à 4 minutes à l'huile très chaude. Égouttez-les. Cette méthode ne fonctionne pas très bien avec la pâte feuilletée.

Variantes

Farce au thon

Pelez et râpez finement 2 oignons. Pelez et écrasez 2 gousses d'ail. Lavez, essuyez et équeutez 1 bouquet de persil. Hachez les feuilles. Mélangez le tout avec 1 boîte de thon à l'huile (185 g). Ajoutez du sel, du poivre et 1/2 cuillerée à café de harissa (page 95).

Farce au poulet

Coupez 250 grammes de poulet cuit ou cru en petits dés. Pelez 1 oignon et 2 gousses d'ail et coupez-les en dés. Faites-les revenir 5 minutes dans 1 cuillerée à soupe d'huile. Délayez 1/2 dose de filaments de safran dans 5 cuillerées à soupe d'eau tiède. Ajoutez. Faites bouillir brièvement, puis incorporez à la viande. Lavez, essuyez et équeutez 1 gros bouquet de coriandre. Hachez les feuilles, ajoutez-les à la viande avec du sel, du poivre et 1/2 cuillerée à soupe de paprika doux. Mélangez.

Farce à la pomme de terre

Pelez, lavez et coupez en dés 2 pommes de terre à chair ferme. Pelez et hachez 1 oignon. Mettez le tout dans de l'eau salée, portez à ébullition, couvrez et laissez cuire. Égouttez et écrasez à la fourchette. Incorporez 2 cuillerées à soupe d'huile d'olive, 1 œuf dur coupé en dés, 1 gros bouquet de persil haché et 1/2 boîte de thon à l'huile (185 grammes). ajoutez du sel, du poivre et 1 cuillerée à café de *ras-el-hanout* (page 113).

Kebab au wok

Une cuisson inattendue

Pour 4 personnes

Pour la viande :

700 g de gigot d'agneau (désossé), de filet de bœuf ou d'escalope de veau

2 brins de menthe

2 gousses d'ail

1 oignon

1 cuillerée à café de paprika doux

1 cuillerée à café de cumin moulu

1 cuillerée à café de coriandre moulue

4 cuillerées à soupe d'huile d'olive

sel, poivre du moulin

Pour la garniture :

1 petit concombre (environ 150 g)

1 gousse d'ail

200 g de yaourt épais (au lait de brebis, de préférence)

sel, poivre du moulin

2 oignons rouges

2 tomates

4 à 8 feuilles de salade (selon la grosseur)

1 pita au sésame ou 4 petites pitas

1 Dégraissez et dénervez la viande. Coupez-la en fines lanières. Lavez, essuyez et équeutez la menthe. Hachez finement les feuilles. Pelez l'ail et l'oignon. Écrasez l'ail au presse-ail. Râpez finement l'oignon ou hachez-le dans un robot ménager.

2 Mélangez les épices avec l'huile, la menthe, l'ail et l'oignon. Incorporez les lanières de viande. Couvrez et réfrigérez 4 heures. De temps à autre, remuez les ingrédients.

3 Pour la garniture, lavez ou pelez le concombre et coupez-le en deux dans sa longueur. Ôtez les graines à l'aide d'une cuillère et râpez la chair sur le yaourt. Pelez l'ail et écrasez-le sur le yaourt à l'aide d'un presse-ail. Mélangez le tout, salez et poivrez.

4 Pelez les oignons et coupez-les en fins anneaux. Lavez les tomates et ôtez leur pédoncule. Coupez-les en fines rondelles à l'aide d'un couteau à lame crantée. Rincez les feuilles de salade sous l'eau froide et essuyez-les bien.

5 Préchauffez le four à sa plus forte température (chaleur tournante : 220 °C). Posez le wok sur le feu et faites-le bien chauffer. Si vous n'en avez pas, utilisez une grande poêle, de préférence en fonte.

6 Glissez le pain à mi-hauteur du four et réchauffez-le. Mettez la moitié de la viande dans le wok (inutile d'ajouter de l'huile) et faites-la revenir 2 à 3 minutes en remuant sans cesse. Salez et poivrez. Tenez-la au chaud dans le four pendant que vous faites revenir l'autre moitié.

7 Ôtez le pain du four et coupez-le en quatre. Ouvrez chaque quart en deux. Garnissez les moitiés inférieures de feuilles de salade, de tomates (salez légèrement) et d'anneaux d'oignon. Répartissez la viande dessus, nappez de yaourt au concombre et recouvrez de l'autre moitié.

Préparation et cuisson : 35 minutes (+ 4 heures de marinade)
915 calories la part

Bon aussi :

Si vous aimez manger épicé, incorporez au yaourt un peu de harissa (page 85). Vous pouvez aussi ajouter des olives dénoyautées à la garniture. Et quelques piments doux en saumure ne gâcheront rien.

Notre conseil

Le monde entier en parle : il faut éviter les graisses pour rester en bonne santé. Et c'est ainsi qu'on trouve du blanc de dinde, même dans un *kebab*. Pourtant, la version classique à l'agneau ou au bœuf est bien meilleure. D'autant que la dinde a tendance à se dessécher facilement. De toute façon, si elle n'est pas issue de l'agriculture biologique, n'en parlons même pas !

Falafels

Aux petits pois, de préférence

Pour 4 personnes en en-cas

250 g de petits pois, de fèves des marais ou de pois chiches, secs dans les trois cas

2 oignons

2 gousses d'ail

1/2 bouquet de persil

1/2 bouquet de coriandre

1 cuillerée à café de coriandre moulue

1 cuillerée à café de cumin moulu

1 cuillerée à café de paprika doux

2 cuillerées à café de sel

1 cuillerée à café de bicarbonate de soude ou de levure chimique

75 cl d'huile de friture

1 Mettez les légumineuses dans une jatte, couvrez d'eau et laissez tremper une nuit.

2 Le lendemain, pelez les oignons et l'ail et hachez-les grossièrement. Lavez, essuyez et effeuillez les herbes. Égouttez les légumineuses et mettez-les dans le mixeur. Ajoutez l'oignon, l'ail, les herbes et mixez le tout. (Si vous avez une moulinette à viande, utilisez-la.)

3 Mélangez les épices, le sel et le bicarbonate ou la levure, ajoutez-les aux ingrédients mixés. Mélangez bien et formez environ 40 boulettes avec les mains.

4 Faites chauffer l'huile dans une cocotte. Pour vérifier si elle est assez chaude, plongez-y le manche d'une cuillère en bois : des bulles s'agglutinent autour.

5 Faites dorer les boulettes 4 à 5 minutes dans l'huile, en plusieurs fois. Ôtez-les à l'aide d'une écumoire et égouttez-les sur du papier absorbant. Les *falafels* se servent de préférence chauds, mais ils sont bons froids aussi.

Préparation et cuisson : 40 minutes (+ 1 nuit de trempage)
Servir avec de la pâte de poivrons pimentée (page 40, éventuellement additionnée de yaourt), une salade de tomates au piment (page 49) ou une salade de concombre à la grenade (page 48)
260 calories la part

Variante

Kefte aux légumes

Pelez et coupez en cubes 600 grammes de carottes, de navets et/ou de chou-rave. Faites-les cuire à l'eau salée. Égouttez-les et écrasez-les. Émiettez 100 grammes de pain rassis et faites-le griller légèrement dans une poêle. Hachez finement 2 cuillerées à soupe de pistaches non salées. Lavez, essuyez et équeutez 1/2 bouquet de menthe et 1/2 bouquet de persil. Hachez finement les feuilles. Pelez et écrasez 2 gousses d'ail. Mélangez le tout avec 1 cuillerée à café de paprika doux, 1 jaune d'œuf et 60 grammes de farine. Salez, poivrez et formez des boulettes ou des croquettes oblongues. Faites-les frire 4 à 5 minutes dans l'huile d'olive ou de tournesol bien chaude et égouttez-les. Servez avec du yaourt additionné de zestes de citron vert et d'ail, ou de concombre et de menthe.

À déguster dans les règles de l'art

Les *falafels* se dégustent rarement tels quels. On les met généralement dans une pita avec des feuilles de salade, des anneaux d'oignon, des rondelles de tomate et de concombre et du *houmous* (page 40) ou une sauce au yaourt relevée de harissa (page 95).

Tourte aux épinards et à la feta

C'est bon chaud, tiède ou froid

Pour 4 à 6 personnes

1 kg d'épinards

sel, poivre du moulin

1 gros oignon

2 gousses d'ail

2 cuillerées à soupe d'huile d'olive

muscade fraîchement râpée

1 botte de ciboules

1 bouquet de persil ou d'aneth

250 g de fromage au lait de brebis (feta)

10 cl de lait ou de yaourt

3 œufs

3 grandes feuilles de pâte *yufka*

50 g de beurre fondu

1 jaune d'œuf

1 cuillerée à soupe de lait pour badigeonner

1 Éliminez les feuilles flétries et les tiges épaisses des épinards. Remplissez l'évier d'eau froide. Plongez-y les épinards et lavez-les bien. Changez l'eau et lavez-les à nouveau. Puis, égouttez-les.

2 Remplissez une cocotte aux deux tiers d'eau, portez à ébullition et salez. Ajoutez les épinards et faites-les blanchir 1 à 2 minutes. Égouttez-les et rafraîchissez-les sous l'eau froide. Exprimez toute l'eau puis hachez-les.

3 Pelez l'oignon et l'ail, puis hachez-les finement. Chauffez l'huile et faites-y revenir l'oignon et l'ail sur feu moyen, en remuant. Ajoutez les épinards et faites-les fondre un instant. S'ils rendent beaucoup de liquide, faites réduire. Ajoutez du sel, du poivre et de la muscade.

4 Éliminez les racines des ciboules. Lavez celles-ci et coupez-les en anneaux, parties vertes comprises. Lavez, essuyez et équeutez le persil ou l'aneth. Hachez finement les feuilles. Incorporez les ciboules et les herbes aux épinards. Émiettez le fromage et réduisez-le en purée avec le lait ou le yaourt. Ajoutez les œufs.

5 Préchauffez le four à 180 °C (chaleur tournante : 160 °C, sans préchauffage). Séparez les feuilles de pâte avec précaution. Badigeonnez-les de beurre fondu et superposez-les. Mettez-les dans un moule ou un plat à gratin de 28 centimètres de diamètre : la pâte dépasse des bords.

6 Répartissez les épinards et le mélange au fromage sur la pâte et lissez. Rabattez les bords de la pâte sur la garniture.

7 Faites cuire la tourte 1 heure à mi-hauteur du four, jusqu'à ce qu'elle soit bien dorée. À mi-cuisson, battez le jaune d'œuf avec le lait et badigeonnez-en la tourte. Laissez reposer 10 minutes avant de servir et découpez en parts.

Préparation : 40 minutes (+ 1 heure de cuisson)
Servir avec une salade de tomates aux oignons et aux olives
360 calories la part

Variante

Tourte à la viande hachée

Pour la garniture, faites fondre l'oignon et l'ail, ajoutez 500 grammes de viande hachée (bœuf ou agneau) et faites-la revenir. Assaisonnez de paprika, de sel, de poivre et de 1 pincée de cannelle. Lavez et essuyez 1 bouquet de persil et 1 botte de ciboules. Coupez-les en morceaux et incorporez-les. Pour la sauce, mélangez 3 œufs avec 25 centilitres de lait ou de yaourt. Salez et poivrez. Mettez la pâte dans le moule et répartissez la garniture. Nappez du mélange aux œufs et rabattez la pâte sur la garniture. Faites cuire comme indiqué.

Gâteau de verdure

Très printanier

Pour 4 personnes en en-cas ou 6 en plat principal

250 g d'épinards
1/2 de bouquet de persil
1/2 bouquet d'aneth
1/2 bouquet de menthe
1 poireau, 6 œufs
sel, poivre du moulin
1/2 cuillerée à café de curcuma moulu
1 cuillerée à café d'origan séché
4 cuillerées à soupe d'huile d'olive

Pour servir :
250 g de yaourt
sel
herbes effeuillées

1 Éliminez les feuilles flétries et les tiges épaisses des épinards. Remplissez l'évier d'eau froide. Plongez-y les épinards et lavez-les bien. Changez l'eau et lavez-les à nouveau.

2 Lavez, essuyez et effeuillez les herbes. Éliminez les racines et les feuilles flétries du poireau. Fendez-le en long, coupez-le en tronçons et lavez bien ceux-ci. Mettez les épinards, les herbes et le poireau dans le mixeur et réduisez le tout en purée.

3 Battez les œufs dans une jatte. Incorporez du sel, du poivre, le curcuma et l'origan au fouet à main. Ajoutez-y la purée aux épinards et mélangez bien.

4 Versez l'huile dans une poêle et posez sur le feu. Transférez la préparation verte dans la poêle et faites-la cuire 10 minutes sur feu moyen, jusqu'à ce que la surface soit sèche. Faites glisser le gâteau sur une assiette – l'opération est plus facile si la poêle est anti-adhésive –, puis remettez-le à l'envers dans la poêle. Faites cuire 5 minutes de plus. Transférez le gâteau sur un plat et découpez-le en parts. Servez avec le yaourt salé additionné d'herbes.

Préparation et cuisson : 40 minutes
Servir avec de la pita
555 calories la part

Version plus simple

Huilez un plat à gratin. Versez-y la préparation à l'épinard et faites cuire environ 35 minutes à mi-hauteur du four à 200 °C (chaleur tournante : 180 °C).

Beignets aux courgettes

Végétariens, croquants, inégalables !

Pour 4 personnes en entrée ou 2 en plat principal

Pour les beignets :
500 g de courgettes, sel
1 botte de ciboules
1/2 bouquet de persil
1/2 bouquet d'aneth
2 œufs
50 g de farine
1 cuillerée à café de paprika rose
poivre du moulin
4 cuillerées à soupe d'huile d'olive

Pour le yaourt :
1/2 bouquet de menthe
1 tomate
2 gousses d'ail
300 g de yaourt (de préférence au lait de brebis)
1 cuillerée à soupe d'huile d'olive
1 cuillerée à soupe de jus de citron
sel, poivre du moulin

1 Lavez les courgettes, ôtez leurs extrémités. Râpez-les finement (à la râpe à main ou au robot). Mélangez-les avec le sel et laissez dégorger 15 minutes.

2 Pendant ce temps, éliminez les racines des ciboules. Lavez et hachez celles-ci finement, parties vertes comprises. Lavez, essuyez et équeutez le persil et l'aneth. Hachez-les bien fin.

3 Égouttez les courgettes et exprimez tout leur liquide avec les mains. Remettez-les dans la jatte. Incorporez les ciboules, le persil, l'aneth, les œufs, la farine, le paprika et le poivre.

4 Pour le yaourt : lavez, essuyez et équeutez la menthe. Hachez finement les feuilles. Lavez la tomate, ôtez son pédoncule et coupez-la en très petits dés. Pelez l'ail et écrasez-le au presse-ail au-dessus du yaourt. Ajoutez la menthe, la tomate, l'huile d'olive, le jus de citron, du sel et du poivre. Mélangez bien.

5 Chauffez l'huile dans une poêle. Placez des petits tas de préparation dans la poêle à l'aide d'une cuillère à soupe. Aplatissez-les légèrement. Faites-les cuire 4 minutes de chaque côté sur feu moyen. Quand tous les beignets sont cuits, servez-les avec le yaourt.

Préparation et cuisson : 40 minutes
Servir avec de la pita et quelques olives noires
565 calories la part

Gâteau de pommes de terre

Aussi bon chaud que froid

Pour 4 personnes

500 g de pommes de terre à chair ferme

sel

2 oignons

6 cuillerées à soupe d'huile

1 gros bouquet de persil

1/2 cuillerée à café de curcuma moulu

1/2 cuillerée à café de poivre du moulin

1/2 cuillerée à café de muscade râpée

1 pincée de cannelle

4 œufs

1 citron

1 Pelez et lavez les pommes de terre, puis coupez-les en cubes. Portez de l'eau salée à ébullition dans une cocotte et plongez-y les pommes de terre. Couvrez et laissez cuire à feu moyen environ 20 minutes. Égouttez.

2 Pendant ce temps, pelez les oignons et coupez-les en très petits dés. Chauffez 2 cuillerées à soupe d'huile dans une poêle et faites-y fondre l'oignon 10 minutes sur feu doux, en remuant.

3 Lavez, essuyez et équeutez le persil. Hachez finement les feuilles. Mettez les pommes de terre dans un plat creux et écrasez-les à la fourchette. Incorporez le persil et l'oignon. Ajoutez du sel, le curcuma, du poivre, la muscade et la cannelle, puis mélangez bien. Battez les œufs et incorporez-les à la purée.

4 Chauffez le reste d'huile dans la poêle. Mettez-y la purée et lissez. Faites cuire environ 10 minutes sur feu doux, à découvert.

5 Et maintenant, vous avez deux possibilités : faire glisser le gâteau sur une grande assiette, le retourner dans la poêle et le laisser cuire 8 minutes de plus ; ou allumer le gril du four, transférer le gâteau dans un plat à four et le laisser dorer 10 minutes (pas trop près du gril). Dans les deux cas, servez et régalez-vous !

Préparation et cuisson : 50 minutes
Servir avec des olives et une salade de tomates au piment (page 49)
300 calories la part

Légumes &

Un contrepoids au döner kebab…

légumes secs

Comment dénicher une épicerie orientale, même sans savoir où elle se trouve ? En observant les hommes et les femmes qui, quelques rues avant, vous croisent, un nombre incalculable de sacs en plastique au bras et un gigantesque bouquet de persil à la main. Comment ensuite reconnaître la boutique au premier regard ? En repérant l'étalage de légumes aux couleurs généreuses derrière lequel elle se cache.

N'en déplaise au *döner kebab* et aux côtelettes d'agneau, la cuisine orientale est avant tout végétarienne, avec des aubergines qui mijotent et fondent pendant des heures, des épinards qui s'unissent aux raisins et aux pignons de pin, et même des pommes de terre au goût totalement différent. Quant aux légumes secs, ils se consomment au quotidien. Prenons-en de la graine !

Boisson d'Orient

Yaourt à l'eau

On a déjà vu toutes sortes de choses au rayon frais : des yaourts aux fruits exotiques, aux pépites croquantes ou au goût de gâteau. Mais du yaourt à l'eau ? Quel intérêt ? Qu'il s'appelle *ayran* en Turquie ou *doogh* en Iran, c'est pourtant l'un des meilleurs moyens d'étancher sa soif par les jours de chaleur ou d'atténuer le feu du piment sur la langue. Il accompagne parfaitement le vrai *kebab* à l'agneau et les viandes grillées.

La recette est aussi simple que les ingrédients : mélangez ou mixez un yaourt nature (plutôt ferme) avec de l'eau glacée, ajoutez une pincée de sel et versez dans un grand verre avec des glaçons. Selon vos goûts, le mélange peut être plus liquide (1 volume de yaourt pour 1 volume d'eau) ou plus épais (4 volumes de yaourt pour 1 volume d'eau). Vous pouvez également utiliser de l'eau gazeuse. Pour l'arôme, ajoutez au choix quelques gouttes d'eau de rose ou de fleur d'oranger, de la menthe fraîche ou du basilic hachés, un peu de poivre du moulin, de la noix muscade râpée ou de la cardamome moulue. Plus rare, mais tout aussi délicieuse : la variante sucrée additionnée de miel, de sirop (raisin, figue ou tamarin, par exemple) ou de sucre de canne et d'une pincée de cannelle moulue.

Lentilles

et amandes...

...plutôt que viande

« Pas de viande de porc » chez les musulmans croyants, ainsi que chez les juifs, car cette viande est considérée comme impure. Cela s'explique, entre autres, parce que dans la chaleur du désert, cette viande plus grasse que les autres s'avarie plus rapidement et que, contrairement au bœuf, au veau ou à l'agneau, elle doit être très cuite pour éviter toute maladie. Même sans cet interdit du Coran (qui s'étend également aux animaux carnivores, aux reptiles et aux insectes), la viande était rare dans la cuisine bédouine des origines.

Dans la zone aride de l'intérieur, les tribus étaient pratiquement végétariennes car elles avaient besoin de leur bétail pour travailler le sol. Elles se procuraient leurs protéines dans les légumes secs et le poisson séché, et ajoutaient des noix, des amandes ou du sésame à la cuisson pour enrichir leur repas. D'après l'Ancien Testament, les hommes étaient de vrais végétariens jusqu'au Déluge, quand Dieu donna à Noé la permission expresse de manger de la viande sur l'arche.

Aujourd'hui encore, dans la cuisine orientale traditionnelle, la viande n'est servie qu'en des occasions spéciales, et la plupart des recettes peuvent parfaitement être réalisées sans viande. Pour les classes moyennes des villes, la question n'est plus un problème car les entrepôts et les camions frigorifiques leur fournissent chaque jour de la viande de toutes les régions, abattue selon les règles de l'Islam ou de la religion juive. Par ailleurs, respecter les dons de Dieu est une règle importante, et rien ne doit être jeté. C'est pourquoi, en Orient, il y a une recette pour tout, de la langue d'agneau aux testicules de taureau.

◊ Un conseil du djinn ◊

Du jeûne

Sage djinn !

J'ai rencontré un ami et lui ai fait part de mon intention de visiter un autre ami. Il me conseilla en disant : « Va chez lui après le coucher du soleil, pour ne manquer de rien à table. » Ils ne mangent donc que la nuit venue ?

« J'ai un grand-père, très grand, en vérité / il me donne trente raisins chaque année / manger les blancs est un péché / manger les noirs est une bonne action ! » J'ai entendu ce précepte pour la première fois alors que je n'étais encore qu'un petit djinn, la veille de mon premier ramadan. Cette ancienne coutume veut que, trente fois dans l'année, on ne mange qu'entre le coucher et le lever du soleil, dans l'obscurité complète. Pendant le ramadan, dès que l'aube permet de différencier un fil blanc d'un fil noir, selon le rituel, le musulman renonce à boire, à manger et aux rapports sexuels. Il ne le fait pas parce que c'est bon pour la santé ou qu'il ne mérite pas mieux. Il a juste le devoir de s'entraîner au renoncement afin de se purifier pour recevoir les révélations divines.

Dès que le soleil se couche, le jeûne est rompu par une gorgée d'eau et quelques dattes, suivies par la prière du soir. Auparavant, la maîtresse de maison porte sur la table le repas préparé pendant l'après-midi. La richesse des plats est une louange à Dieu. Le repas dure souvent des heures pendant lesquelles les convives mangent, chantent, prient, récitent, méditent et fêtent en toute piété. La dernière nourriture est absorbée vingt minutes avant la première prière du matin, avant la fin de la nuit, avant de pouvoir distinguer le fil noir du fil blanc.

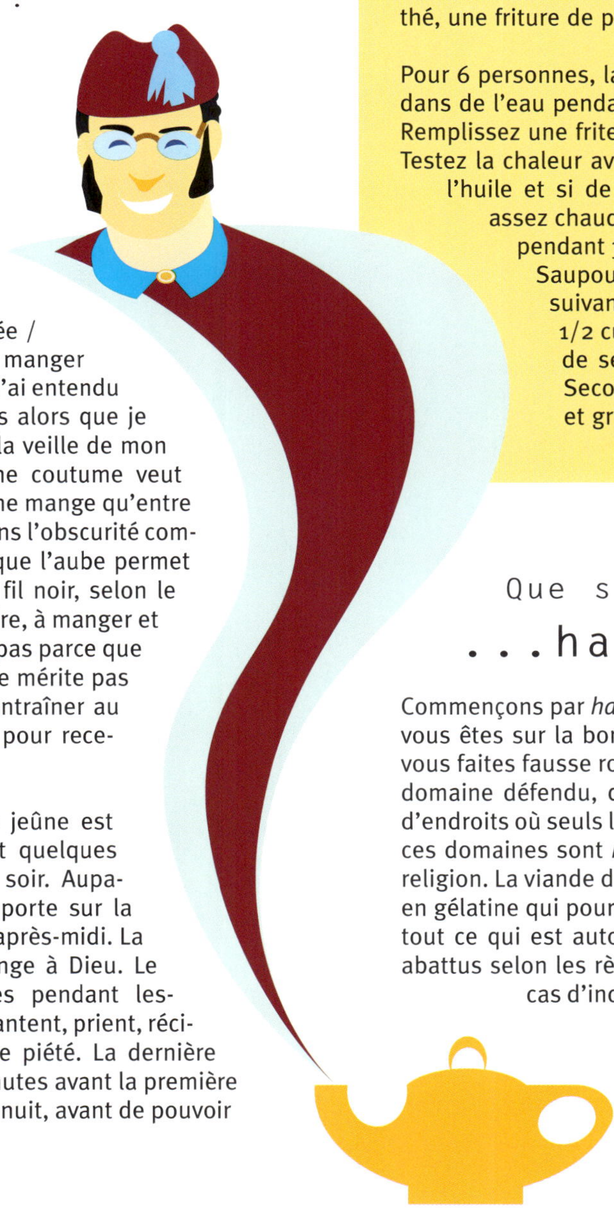

Basiques orientaux faits maison

Pois chiches

Dans un bar à cocktails, les « drinks » sont toujours accompagnés de cacahuètes. En Orient, on grignote volontiers des mezze à l'heure du thé, une friture de pois chiches par exemple. Facile et savoureux.

Pour 6 personnes, laissez tremper 300 grammes de pois chiches secs dans de l'eau pendant 6 heures. Égouttez et essuyez soigneusement. Remplissez une friteuse d'huile aux deux tiers et chauffez-la à 170 °C. Testez la chaleur avec une cuillère en bois : plongez le manche dans l'huile et si de petites bulles se forment immédiatement, c'est assez chaud. Mettez les pois chiches dans l'huile, laissez frire pendant 3 minutes, retirez et égouttez. Répétez l'opération. Saupoudrez les pois chiches frits du mélange d'épices suivant : 1/2 cuillerée à café de paprika doux en poudre, 1/2 cuillerée à café de cumin moulu, 1/2 cuillerée à café de sel, 1/4 de cuillerée à café de poivre de Cayenne. Secouez pour bien répartir les épices. Laissez refroidir et grignotez sans attendre.

Que signifie...

...halal ?

Commençons par *haram*, le contraire de *halal*. Si vous pensez à harem, vous êtes sur la bonne voie, mais si vous ne pensez qu'aux femmes, vous faites fausse route. Pour l'Islam, *haram* est le terme désignant un domaine défendu, qu'il s'agisse du quartier réservé aux femmes ou d'endroits où seuls les musulmans sont admis. Pour le reste du monde, ces domaines sont *haram*, c'est-à-dire interdits selon les règles de la religion. La viande de porc et l'alcool sont *haram*, ainsi que les oursons en gélatine qui pourraient être fabriqués à base de porc. *Halal* désigne tout ce qui est autorisé selon la loi islamique : la viande d'animaux abattus selon les règles, les repas nocturnes pendant le ramadan. En cas d'incertitude, il existe des livres et des sites Internet où l'on peut vérifier ce qui est autorisé pour chaque circonstance de la vie. Celui qui meurt de faim a le droit de manger ce qui est défendu car le contraire serait un manquement à la vie et donc *haram*.

Imam bayildi

Aussi nommé « imam évanoui » et il y a de quoi !

Pour 4 personnes en plat principal végétarien ou 8 en entrée

4 aubergines longues (environ 1 kg)
sel
2 gros oignons
4 gousses d'ail
300 g de tomates
1 bouquet de persil
1/2 bouquet d'aneth
10 cuillerées à soupe d'huile d'olive
poivre du moulin
1 cuillerée à café de sucre
1 petite pincée de cannelle
4 piments verts en saumure (pas trop forts)

1 Lavez les aubergines et éliminez leur pédoncule. Pelez sur toute la longueur des lanières de peau de 1 centimètre de largeur espacées de 1 centimètre. Plongez les aubergines dans une jatte d'eau salée et laissez-les dégorger pendant que vous préparez les autres ingrédients.

2 Pelez les oignons et coupez-les en deux, puis en fines lanières. Pelez l'ail et coupez-le en lamelles, puis en bâtonnets.

3 Ôtez le pédoncule des tomates. Arrosez celles-ci d'eau bouillante. Rafraîchissez-les sous l'eau froide et pelez-les. Coupez la pulpe en dés. Lavez, essuyez et équeutez les herbes. Hachez finement les feuilles.

4 Chauffez 2 cuillerées à soupe d'huile dans une cocotte. Faites-y fondre l'oignon et l'ail quelques minutes sur feu moyen, jusqu'à ce qu'ils soient transparents. Remuez sans cesse. Transférez-les dans une jatte et ajoutez les tomates et les herbes. Assaisonnez de sel, de poivre, de sucre et de cannelle. Mélangez bien.

5 Égouttez les aubergines et essuyez-les avec du papier absorbant. Chauffez 4 cuillerées à soupe d'huile dans la cocotte et faites-y revenir les aubergines pendant 5 minutes. Retournez-les régulièrement pour qu'elles dorent de tous côtés. Ôtez-les de la cocotte à l'aide de deux cuillères.

6 Incisez chaque aubergine le long d'un des endroits pelés. Écartez les bords et garnissez l'intérieur de la farce à l'oignon et à la tomate.

7 Rangez les aubergines dans la cocotte, garniture vers le haut. Ajoutez 1 piment sur chacune et arrosez du reste d'huile. S'il reste de la farce, répartissez-la entre les aubergines.

8 Versez 15 centilitres d'eau dans la cocotte, autour des aubergines. Couvrez et laissez mijoter 45 minutes sur feu moyen à doux (le liquide doit juste frémir). Lorsque les aubergines sont bien tendres, laissez-les tiédir dans leur liquide. Servez.

Préparation : 35 minutes (+ 45 minutes de cuisson)
Servir avec de la pita et des quartiers de citron
395 calories la part

Aubergines aux tomates et à la grenade

Pas vraiment un régal pour les yeux, mais pour le ventre, ça oui !

Pour 4 personnes en accompagnement

2 aubergines (environ 600 g)

400 g de tomates

2 oignons

1 grenade

2 cuillerées à soupe d'huile d'olive

2 gousses d'ail

1 cuillerée à soupe de grenadine

sel, poivre du moulin

2 cuillerées à soupe de cerneaux de noix

4 brins de menthe

1 Préchauffez le four à 250 °C (chaleur tournante : 220 °C). Lavez les aubergines, éliminez leurs extrémités et incisez la peau en plusieurs endroits. Rangez-les sur la lèchefrite et faites-les cuire environ 30 minutes à mi-hauteur : la pointe d'un couteau doit y pénétrer facilement.

2 Pendant ce temps, ôtez le pédoncule des tomates. Arrosez celles-ci d'eau bouillante, puis rafraîchissez-les sous l'eau froide. Pelez-les et coupez leur pulpe en dés. Pelez les oignons et râpez-les finement. Coupez la grenade en deux et exprimez-en le jus à l'aide d'un presse-agrumes.

3 Laissez refroidir les aubergines jusqu'à ce que vous puissiez les manipuler. Fendez-les dans la longueur et prélevez la chair. Coupez-la en dés.

4 Faites chauffer l'huile dans une cocotte. Faites-y revenir les oignons quelques minutes. Pelez l'ail et écrasez-le au presse-ail au-dessus de la cocotte.

5 Ajoutez les aubergines, les tomates, le jus de grenade, la grenadine, du sel et du poivre. Laissez mijoter environ 15 minutes sur feu doux.

6 Hachez finement les cerneaux de noix et faites-les griller brièvement dans une poêle. Lavez, essuyez et équeutez la menthe. Hachez finement les feuilles. Mélangez la menthe et les noix. Rectifiez l'assaisonnement des aubergines, parsemez-les de ce mélange et servez.

Préparation et cuisson : 50 minutes
Servir avec des chiches-kebabs (page 124), des côtes d'agneau grillées, des filets de poisson en sauce au sésame (page 139) ou un plat de riz
145 calories la part

Épinards, raisins secs et pignons de pin

Une association parfaite !

Pour 4 personnes en accompagnement

750 g d'épinards

sel

1 botte de ciboules

4 gousses d'ail

1 morceau de piment rouge

4 cuillerées à soupe d'huile d'olive

40 g de pignons de pin

40 g de raisins secs

1/2 cuillerée à café de coriandre moulue

poivre du moulin

1 cuillerée à soupe de jus de citron

1 Remplissez l'évier d'eau froide. Plongez-y les épinards et lavez-les bien. Changez l'eau et lavez-les à nouveau, jusqu'à ce que l'eau soit propre.

2 Remplissez une cocotte d'eau aux deux tiers, portez à ébullition et salez. Ajoutez les épinards et enfoncez-les dans l'eau à l'aide d'une cuillère en bois. Faites-les blanchir 1 ou 2 minutes. Égouttez-les et rafraîchissez-les sous l'eau froide. Laissez-les égoutter.

3 Éliminez les racines des ciboules. Lavez celles-ci et coupez-les en fins anneaux, parties vertes comprises. Pelez l'ail et hachez-le finement. Lavez le morceau de piment et coupez-le en morceaux, graines comprises.

4 Faites chauffer l'huile d'olive dans une poêle. Faites-y dorer les pignons de pin. Ajoutez les ciboules, l'ail, le piment et les raisins secs et faites-les revenir brièvement. Incorporez les épinards. Ajoutez la coriandre, du sel, du poivre et le jus de citron. Réchauffez en remuant. Transférez dans un plat et servez.

Préparation et cuisson : 30 minutes
Servir avec un rôti d'agneau (page 120), des chiches-kebabs (page 124) ou un poulet rôti à l'orientale (page 115)
220 calories la part

C'est bon aussi :

Remplacez les raisins secs par des abricots secs, des dattes ou des pruneaux coupés en dés ou en lanières. Vous pouvez aussi utiliser des amandes au lieu de pignons de pin.

Courgettes à la charmoula

Délicieux et facile !

Pour 4 personnes en entrée ou en accompagnement

1 bouquet de persil

1 bouquet de coriandre

1 oignon rouge ou blanc

4 gousses d'ail

1 cuillerée à soupe de paprika doux

1 cuillerée à café de paprika rose

1/2 cuillerée à soupe de cumin moulu

1 cuillerée à café de poivre du moulin

1 cuillerée à café de *ras-el-hanout* (page 113)

sel

2 cuillerées à soupe de jus de citron

4 cuillerées à soupe d'huile d'olive

600 g de jeunes courgettes

1 Lavez, essuyez et équeutez les herbes. Hachez finement les feuilles. Pelez l'oignon et l'ail et coupez-les en très petits dés.

2 Pour la *charmoula*, mélangez les herbes, l'oignon, l'ail, les épices, le jus de citron et l'huile d'olive.

3 Lavez les courgettes et éliminez leurs extrémités. Émincez-les dans la longueur en lanières d'environ 1/2 centimètre d'épaisseur. Mélangez-les avec la *charmoula* et laissez mariner environ 30 minutes.

4 Préchauffez le four à 180 °C (chaleur tournante : 160 °C). Rangez les courgettes dans la lèchefrite ou dans un plat à gratin en les faisant légèrement se chevaucher. Faites cuire environ 40 minutes à mi-hauteur. Ce plat est bon chaud ou froid.

Préparation : 25 minutes (+ 30 minutes de marinade et 40 minutes de cuisson)
Servir en entrée avec de la pita ou, en accompagnement, avec une volaille, du poisson ou un rôti d'agneau (page 120)
130 calories la part

C'est bon aussi :

Ne faites pas cuire les courgettes au four mais dans une poêle, sur feu moyen. Retournez-les souvent pour qu'elles ne brûlent pas. Vous pouvez remplacer les courgettes par des pommes de terre (précuites pendant environ 10 minutes), du fenouil, du céleri ou des poivrons, ou les quatre ensemble.

Okras à la tomate

À découvrir absolument

Pour 4 personnes en accompagnement

500 g d'okras

4 tomates

2 oignons

2 gousses d'ail

1 piment rouge

1 piment vert

2 cuillerées à soupe d'huile d'olive

1 cuillerée à café de coriandre moulu

1 cuillerée à café de paprika doux

1/2 cuillerée à café de curcuma moulu

1/2 cuillerée à café de cannelle

quelques brins de menthe et de persil

sel

1 cuillerée à soupe de jus de citron

1 Lavez les okras. Pelez et taillez les pédoncules en pointe. Ne pas percer la peau car le liquide à l'intérieur s'échapperait et les okras se détremperaient pendant la cuisson.

2 Éliminez le pédoncule des tomates. Arrosez celles-ci d'eau bouillante et attendez un instant. Rafraîchissez-les sous l'eau froide et pelez-les. Coupez la pulpe en cubes. Pelez les oignons et l'ail, hachez-les finement. Lavez les piments et ôtez leur pédoncule. Coupez-les en fins anneaux. Si vous craignez le piment, ôtez-en les graines.

3 Posez sur le feu une sauteuse munie d'un couvercle ou une cocotte. Faites-y chauffer l'huile. Faites revenir brièvement les okras, puis ajoutez les oignons, l'ail et le piment. Laissez revenir un instant. Mélangez toutes les épices et poudrez-en le plat. Faites revenir brièvement, puis ajoutez les tomates.

4 Réduisez le feu. Couvrez et laissez cuire les okras 15 à 20 minutes à petits frémissements. Pendant ce temps, lavez, essuyez et équeutez les herbes. Hachez finement les feuilles. Incorporez-les à la préparation. Salez, arrosez du jus de citron et apportez à table.

Préparation et cuisson : 35 minutes
Servir avec un rôti d'agneau (page 120) ou un poulet rôti à l'orientale (page 115)
95 calories la part

C'est bon aussi :

Ce plat est délicieux avec un ragoût d'agneau ou de bœuf, mais aussi avec de la volaille.

Salade de pommes de terre à l'orientale

Légère et rafraîchissante

Pour 4 personnes en accompagnement ou 2 en plat léger

600 g de pommes de terre à chair ferme
sel
2 oignons et 4 gousses d'ail
1 poivron vert ou 1 gros piment doux
4 cuillerées à soupe d'huile d'olive
1 cuillerée à soupe de graines de cumin
1/2 cuillerée à café de coriandre moulue
1/2 cuillerée à café de paprika doux
2 cuillerées à soupe d'olives vertes dénoyautées
1 morceau de zeste de citron non traité
1/2 bouquet de persil
100 g de fromage au lait de brebis (feta)
5 cuillerées à soupe de jus de citron

1 Lavez les pommes de terre. Faites-les précuire dans l'eau salée 15 à 20 minutes à couvert, avec leur peau. Égouttez et laissez refroidir un peu. Pelez-les et coupez-les en rondelles de 1 centimètre d'épaisseur.

2 Pelez les oignons et l'ail. Coupez les oignons en quatre, puis en fines lanières. Hachez finement l'ail. Lavez le poivron ou le piment et éliminez-en le pédoncule. Coupez la pulpe en anneaux.

3 Faites chauffer l'huile dans une grande poêle. Faites-y fondre quelques minutes l'oignon, l'ail et le poivron, sur feu moyen, sans coloration. Ajoutez les graines de cumin et faites-les revenir 1 ou 2 minutes. Ajoutez le reste des épices et mélangez bien.

4 Ajoutez les pommes de terre et faites-les revenir en remuant jusqu'à ce qu'elles soient tendres. Pendant ce temps, hachez très finement les olives et le zeste de citron. Lavez, essuyez et équeutez le persil. Hachez finement les feuilles. Émiettez le fromage et incorporez-le au mélange à l'olive.

5 Transférez les pommes de terre dans une jatte et laissez-les tiédir. Incorporez le jus de citron et, le cas échéant, rectifiez l'assaisonnement en sel. Parsemez du mélange au fromage. Cette salade se déguste aussi bien tiède que froide.

Préparation et cuisson : 40 minutes
Servir avec des côtes d'agneau grillées, des chiches-kebabs (page 124) ou du poisson grillé
255 calories la part

Pommes de terre pimentées

Agréablement fort

Pour 4 personnes en accompagnement

600 g de pommes de terre à chair ferme
4 cuillerées à soupe d'huile d'olive
4 gousses d'ail
2 ciboules
2 piments rouges
1 cuillerée à café de graines de cumin
sel
quelques brins de persil ou de coriandre
2 cuillerées à soupe de jus de citron

1 Pelez et lavez les pommes de terre. Essuyez-les à l'aide de papier absorbant et coupez-les en cubes de 1 à 2 centimètres de côté.

2 Faites chauffer l'huile d'olive dans une poêle, de préférence antiadhésive et à induction, pour que la chaleur se répartisse bien. Ajoutez les pommes de terre et remuez bien. Faites revenir les pommes de terre environ 15 minutes sur feu moyen, jusqu'à ce qu'elles soient presque tendres. Remuez sans cesse.

3 Pendant ce temps, pelez l'ail et hachez-le finement. Éliminez les racines des ciboules. Lavez celles-ci et coupez-les en fins anneaux, parties vertes comprises. Lavez le piment et coupez-le en deux dans sa longueur. Éliminez le pédoncule et les graines. Coupez la chair en fines lanières.

4 Ajoutez l'ail, les ciboules et le piment dans la poêle. Incorporez le cumin (graines et poudre) et salez. Faites revenir 5 à 10 minutes de plus, jusqu'à ce que les pommes de terre soient tendres. Pendant ce temps, lavez, essuyez et équeutez le persil ou la coriandre. Hachez finement les feuilles et incorporez-les aux pommes de terre. Ajoutez le jus de citron et, le cas échéant, un peu de sel.

Préparation et cuisson : 35 minutes
Servir avec un rôti d'agneau (page 120), du poisson en sauce à la grenade (page 138) ou un plat de légumes
180 calories la part

C'est bon aussi :

Ajoutez des lanières de poivron, des dés d'aubergine ou des bâtonnets de courgette. Même les artichauts (violets) sont délicieux avec ces pommes de terre : nettoyez-les comme indiqué page 89, puis coupez-les en huit.

Œufs au plat sur légumes

Le yaourt lui va bien

Pour 4 personnes en plat principal

- 2 oignons
- 2 poivrons verts
- 1 petite aubergine
- 1 piment rouge ou vert
- 4 cuillerées à soupe d'huile d'olive
- 1 petite boîte de tomates (400 g)
- 1 cuillerée à café de sucre
- 1 cuillerée à café de paprika doux
- sel
- 8 petits œufs
- 4 gousses d'ail
- 2 brins de persil ou de menthe
- 150 g de yaourt épais

1 Pelez les oignons. Coupez-les en lanières. Lavez les poivrons et coupez-les en deux dans la longueur. Ôtez le pédoncule et les graines. Lavez l'aubergine et coupez ses extrémités. Taillez les poivrons et l'aubergine en dés. Lavez le piment et coupez-le en deux en longueur. Ôtez les graines, les filaments blancs et le pédoncule. Coupez la chair en lanières.

2 Chauffez l'huile dans une sauteuse. Faites-y revenir quelques minutes les oignons, les poivrons, l'aubergine et le piment.

3 Coupez les tomates en morceaux et mettez-les dans la sauteuse avec leur jus. Ajoutez le sucre, le paprika et du sel. Couvrez et laissez mijoter environ 20 minutes sur feu doux.

4 Ôtez le couvercle. Cassez les œufs un à un sur les légumes. Remettez le couvercle et laissez cuire 6 à 8 minutes de plus.

5 Pour le yaourt à l'ail : pelez l'ail et écrasez-le au presse-ail. Lavez, essuyez et équeutez le persil ou la menthe. Hachez fin les feuilles. Incorporez-les au yaourt, ainsi que l'ail. Salez. Servez avec les œufs et les légumes.

Préparation et cuisson : 50 minutes
Servir avec de la pita
335 calories la part

Variante

Œufs à l'orientale

Faites revenir 2 gousses d'ail hachées avec 1 cuillerée à café de cumin moulu et 1 cuillerée à café de paprika doux dans 4 cuillerées à soupe d'huile d'olive. Ajoutez 2 cuillerées à café de concentré de tomates ou 1 cuillerée à café de harissa (page 95). Cassez 8 œufs dans la poêle. Salez puis brouillez les œufs à la cuillère en bois. Terminez la cuisson.

Légumes farcis

Pour tous les goûts

Pour 4 affamés

4 petits oignons

6 petites tomates

2 jeunes courgettes

2 petites aubergines

4 petits poivrons

1 botte de ciboules

4 gousses d'ail

1/2 bouquet de persil

1/2 bouquet d'aneth

500 g d'agneau haché

1 cuillerée à soupe de concentré de tomates

2 cuillerées à soupe de pignons de pin

1 cuillerée à soupe de raisins de Corinthe

2 cuillerées à café de paprika doux

2 cuillerées à café de paprika rose

1 cuillerée à café de cumin moulu

1 pincée de cannelle

sel

poivre du moulin

4 cuillerées à soupe de jus de citron

4 cuillerées à soupe d'huile d'olive

1 cuillerée à café de sucre ou de miel

1 Pelez les oignons en éliminant les racines. Mettez-les dans une cocotte avec de l'eau et portez à ébullition. Laissez frémir environ 2 minutes. Égouttez les oignons et rafraîchissez-les sous l'eau froide. Laissez-les refroidir. Découpez un chapeau. Évidez les oignons et coupez la pulpe en dés.

2 Lavez les tomates. Découpez un chapeau dans 4 tomates, au niveau du pédoncule. Prélevez les graines et la pulpe à l'aide d'une cuillère. Jetez les graines. Coupez les deux autres tomates en deux, pressez légèrement et éliminez les graines. Ajoutez la pulpe à celle des tomates évidées et coupez le tout en dés.

3 Lavez les courgettes et les aubergines et éliminez les bouts. Coupez-les en deux dans la longueur. Incisez en croix la face coupée des moitiés de courgette et d'aubergine. Prélevez la pulpe en laissant une bordure de 1 centimètre de largeur. Coupez-la en dés. Lavez les poivrons et coupez-les en deux dans la longueur. Ôtez le pédoncule, les graines et les filaments blancs.

4 Éliminez les racines et les feuilles vertes flétries des ciboules. Lavez le reste et hachez-le finement. Pelez l'ail et hachez-le. Lavez, essuyez et équeutez les herbes. Hachez les feuilles.

5 Préchauffez le four à 160 °C (chaleur tournante : 140 °C, sans préchauffage). Mélangez les dés d'oignon, de tomate, de courgette et d'aubergine avec les ciboules, l'ail, les herbes et la viande hachée. Ajoutez le concentré de tomates, les pignons de pin, les raisins de Corinthe, le paprika, le cumin et la cannelle. Salez, poivrez et malaxez le tout jusqu'à obtention d'un hachis homogène.

6 Remplissez les légumes de hachis et rangez-les côte à côte dans une lèchefrite. Mélangez le jus de citron avec l'huile d'olive, 10 centilitres d'eau, du sel, du poivre et le sucre ou le miel. Versez ce mélange dans le fond de la lèchefrite. Faites cuire environ 1 heure à mi-hauteur du four, jusqu'à ce que les légumes farcis soient tendres. Laissez refroidir un peu avant de servir.

Préparation : 40 minutes (+ 1 heure de cuisson)
Servir avec de la pita et du yaourt à l'ail et à la menthe et, le cas échéant, du concombre râpé
360 calories la part

Rouleaux de chou arabes

Aussi bons que ceux de Grand-Mère

Pour 4 affamés

1 chou blanc moyen

sel

100 g de boulgour fin (en épicerie orientale)

300 g de gigot d'agneau

1/2 bouquet de persil

1/2 bouquet d'aneth

1/2 bouquet de menthe

1/2 bouquet de coriandre

500 g de tomates

1 oignon

2 gousses d'ail

1 cuillerée à café de cumin moulu, 1 de coriandre moulue et 1 de paprika doux

1/2 cuillerée à café de curcuma moulu

1/2 cuillerée à café de piment moulu

1 œuf

poivre du moulin

2 cuillerées à soupe d'huile d'olive

12,5 cl de bouillon de légumes ou de viande (ou d'eau de cuisson du chou)

1 Détachez avec précaution 12 feuilles de chou (le reste servira pour un autre plat) et aplatissez légèrement les côtes centrales dures. Dans une cocotte, portez 2 litres d'eau salée à ébullition. Faites-y blanchir les feuilles de chou en deux ou trois fois (selon leur taille) pendant 2 à 3 minutes : elles doivent être assez tendres pour être roulées. Sortez-les de l'eau avec une écumoire, posez-les dans une passoire et rafraîchissez-les sous l'eau froide.

2 Arrosez le boulgour d'eau en ébullition et laissez-le gonfler 10 minutes. Éliminez le gras de la viande, puis coupez celle-ci en cubes. À l'aide d'un gros couteau, hachez-la finement. Lavez, essuyez et équeutez les herbes. Hachez finement les feuilles. Ôtez le pédoncule des tomates. Arrosez celles-ci d'eau bouillante et attendez un instant. Mettez-les dans une passoire et rafraîchissez-les sous l'eau froide. Pelez-les et coupez la pulpe en dés très fins. Pelez l'oignon et l'ail et hachez-les finement.

3 Égouttez le boulgour et mettez-le dans une jatte avec l'agneau haché, les herbes, 2 cuillerées à soupe de dés de tomate et la moitié de l'oignon et de l'ail. Ajoutez les épices et l'œuf et mélangez bien le tout, en malaxant légèrement. Salez et poivrez.

4 Étalez les feuilles de chou et garnissez-les de farce en laissant un bord libre. Repliez les bords sur le dessus, puis roulez. (Vous pouvez les ficeler, ce qui n'est pas indispensable si vous les rangez avec précaution dans la cocotte.)

5 Faites chauffer l'huile dans une grande cocotte (les rouleaux doivent y tenir côte à côte). Faites-y revenir brièvement le reste de l'oignon et de l'ail. Ajoutez les tomates et le bouillon. Salez et poivrez la sauce.

6 Rangez les rouleaux sur la sauce, soudure en dessous. Réduisez le feu et laissez mijoter environ 40 minutes, jusqu'à ce que les rouleaux soient bien tendres. Rectifiez l'assaisonnement de la sauce et servez.

Préparation : 30 minutes (+ 40 minutes de cuisson)
Servir avec de la pita et du yaourt à l'ail et à la menthe
360 calories la part

C'est bon aussi

Remplacez l'agneau par du blanc de poulet ou du bœuf haché ou remplacez la viande par 50 grammes de boulgour supplémentaire et ajoutez 1 œuf dans la garniture. Vous pouvez également remplacer le chou par des feuilles de romaine juste blanchies et ne faire cuire les rouleaux que 20 à 30 minutes.

Potiron aux dattes et à l'épinard

Impressionnant !

Pour 4 personnes en accompagnement
ou 2 en plat principal
1 morceau de potiron (environ 600 g)
500 g d'épinards
sel
2 tomates
2 oignons
2 gousses d'ail
100 g de dattes fraîches charnues
1/2 dose de filaments de safran (0,1 g)
4 cuillerées à soupe d'huile d'olive
poivre du moulin
1/2 cuillerée à café de harissa (page 95)
1/2 cuillerée à café de cannelle
1/2 bouquet de persil ou de coriandre

1 Éliminez les graines et la chair filamenteuse du potiron. Pelez le potiron et coupez-le en cubes de 2 centimètres de côté.

2 Éliminez les feuilles flétries et les grosses tiges des épinards. Remplissez l'évier d'eau froide et lavez les épinards soigneusement. Renouvelez l'opération si l'eau est sale ou sableuse. Versez 3 ou 4 centimètres d'eau dans une cocotte. Portez à ébullition et salez. Ajoutez les épinards, couvrez et faites-les blanchir 1 ou 2 minutes.

3 Versez les épinards dans une passoire et rafraîchissez-les sous l'eau froide. Égouttez-les bien. Lavez les tomates et ôtez leur pédoncule. Coupez la pulpe en dés très fins.

4 Pelez les oignons, coupez-les en quatre puis en fines lanières. Pelez l'ail et hachez-le finement. Coupez les dattes en deux, dénoyautez-les, puis coupez leur chair en fines lanières. Faites tremper le safran dans 10 centilitres d'eau tiède et laissez infuser jusqu'à ce que l'eau soit jaune.

5 Faites chauffer l'huile dans une sauteuse ou une cocotte. Faites-y revenir le potiron, l'oignon et l'ail pendant quelques minutes.

6 Ajoutez l'eau safranée, les dattes et les tomates. Salez, poivrez et ajoutez la harissa et la cannelle. Réduisez le feu, couvrez et faites cuire 10 à 15 minutes, jusqu'à ce que le potiron soit cuit mais encore ferme. Incorporez les épinards et réchauffez bien.

7 Lavez, essuyez et équeutez le persil ou la coriandre. Hachez finement les feuilles. Incorporez-les au potiron et goûtez : si l'assaisonnement vous convient, servez.

Préparation et cuisson : 50 minutes
Servir avec un poulet rôti à l'orientale (page 115) ou des chiches-kebabs (page 124) ; pour un repas végétarien, servir avec du couscous et une salade ou une sauce au yaourt
195 calories la part

C'est bon aussi :

Remplacez le potiron par des pommes de terre (5 minutes de cuisson en plus) et ajoutez dans la cocotte 1 poivron rouge coupé en dés ou en lanières. Vous pouvez aussi remplacer les dattes par des abricots secs.

Notre conseil

En automne, on trouve sur le marché toutes sortes de variétés de courge de la famille du potiron. Et, toute l'année, les magasins bio vendent des potimarrons, plus petits, mais qui ont un gros avantage : leur peau est si fine qu'on peut la manger. Toutes les autres variétés de courge se pèlent presque centimètre par centimètre, à cause de leurs grosses côtes.

Soupe d'artichaut froide

Idéale en été !

Pour 4 personnes en hors-d'œuvre d'été
environ 250 g de fonds d'artichaut cuits (en bocal, ou cuits dans de l'eau salée et citronnée)
250 g de yaourt (pas trop épais, sinon l'allonger d'eau au moment de le réduire en purée)
1 cuillerée à soupe
1/2 jus de citron
40 cl de bouillon de légumes ou de volaille
1 cuillerée à café de cumin moulu
sel, poivre du moulin
1/2 poivron vert
1/2 de bouquet d'aneth
2 ciboules

1 Égouttez les fonds d'artichaut et coupez-les en cubes. Mixez-les avec le yaourt, le jus de citron et le bouillon.

2 Incorporez le cumin, du sel et du poivre. Réfrigérez au moins 4 heures.

3 Lavez le poivron et coupez-le en deux dans sa longueur. Ôtez le pédoncule, les graines et les filaments blancs. Coupez la pulpe en dés très fins. Lavez et essuyez l'aneth. Hachez-le très finement. Éliminez les racines et les feuilles flétries des ciboules. Lavez le reste et coupez-le en anneaux très fins. Mélangez avec le poivron et l'aneth. Salez et poivrez légèrement.

4 Sortez la soupe du réfrigérateur et remuez-la bien. Le cas échéant, rectifiez l'assaisonnement en sel, en poivre et en jus de citron. Répartissez-la dans les bols et parsemez d'un peu de mélange au poivron. Mettez le reste dans une coupelle et servez.

Préparation et cuisson : 30 minutes (+ 4 heures de réfrigération)
Servir avec de la pita chaude, pour un délicieux contraste avec la soupe froide
100 calories la part

Variante

Soupe de concombre

Pelez 1 concombre. Coupez-le en deux et éliminez les graines. Réduisez-le en purée avec 2 gousses d'ail pelées, le yaourt et 30 centilitres de bouillon. Assaisonnez d'un peu de piment moulu et réfrigérez.
Avant de servir, parsemez d'un mélange d'amandes effilées grillées, ainsi que de persil et de menthe hachés.

Soupe verte aux légumes et au pain

Un régal !

Pour 4 petits appétits
2 poireaux
2 branches de céleri
2 jeunes courgettes
2 gousses d'ail
1,5 l de bouillon de légumes ou de volaille
100 g de petits pois ou de fèves des marais surgelés
sel, poivre du moulin
1/2 cuillerée à café de piment moulu ou de piment de Cayenne
1 cuillerée à soupe de jus de citron
1 bouquet de persil
1 bouquet de menthe
1 bouquet de coriandre
1/2 pita de la veille (environ 200 g)
4 cuillerées à soupe d'huile d'olive

1 Ôtez les racines et les feuilles flétries des poireaux. Coupez-les en deux dans la lon-

gueur et lavez-les bien. Recoupez-les en lanières. Éliminez les extrémités et les gros fils du céleri, lavez-le et émincez-le. Lavez les courgettes, coupez-en les bouts et taillez le reste en dés. Pelez l'ail et hachez-le finement.

2 Mettez ces légumes, l'ail, le bouillon et les petits pois ou les fèves dans une cocotte. Réchauffez. Ajoutez sel et poivre, le piment moulu ou le piment de Cayenne et le jus de citron. Couvrez et laissez mijoter 10 à 15 minutes à feu moyen, jusqu'à ce que les légumes soient cuits.

3 Pendant ce temps, lavez, essuyez et équeutez les herbes. Hachez très finement les feuilles. Coupez le pain en croûtons. Faites chauffer l'huile d'olive dans une poêle. Faites-y dorer les croûtons en remuant, jusqu'à ce qu'ils soient croustillants.

4 Incorporez les herbes à la soupe et, le cas échéant, rectifiez l'assaisonnement. Ajoutez les croûtons et apportez le tout à table pendant qu'ils sont croustillants.

Préparation et cuisson : 30 minutes
390 calories la part

C'est bon aussi :

Au lieu d'une soupe verte, préparez une soupe multicolore avec du poivron rouge, des tomates, des carottes et des épinards coupés en morceaux. Et pourquoi ne pas ajouter des petits artichauts tendres coupés en huit ?

Purée de pois chiches

Fait aussi une bonne entrée chaude

Pour 4 personnes

300 g de pois chiches secs

1 citron non traité

300 g de yaourt (si possible grec, ou au lait de brebis)

1 cuillerée à soupe de pâte de sésame *(tahini)*

2 cuillerées à soupe d'huile d'olive

4 gousses d'ail

1/2 cuillerée à soupe de cumin moulu

sel, poivre du moulin

2 cuillerées à soupe de beurre

2 cuillerées à soupe de pignons de pin

1 cuillerée à café de paprika doux

1 Mettez les pois chiches dans une jatte et couvrez-les d'eau. Laissez-les tremper 1 nuit ou au moins 8 heures.

2 Égouttez les pois chiches et versez-les dans une cocotte. Couvrez-les d'eau de façon à ce qu'ils soient recouverts d'au moins 1 centimètre. Portez à ébullition, réduisez le feu et couvrez. Faites-les cuire 1 heure à 1 heure 30 (selon leur âge), jusqu'à ce qu'ils soient tendres.

3 Préchauffez le four à 200 °C (chaleur tournante : 180 °C). Brossez le citron sous l'eau chaude, prélevez un peu de zeste et exprimez le jus. Égouttez le yaourt. Égouttez les pois chiches dans une passoire. Réduisez-les en purée avec le yaourt, la pâte de sésame et l'huile. Incorporez le jus et le zeste de citron. Pelez l'ail et écrasez-le au presse-ail au-dessus de la purée. Incorporez le cumin, du sel et du poivre. Transférez la purée dans un plat à gratin.

4 Faites fondre le beurre sur feu doux dans une petite poêle. Incorporez les pignons de pin et le paprika. Répartissez le mélange sur la purée. Enfournez et faites cuire environ 15 minutes à mi-hauteur.

Préparation : 30 minutes (+ 8 heures minimum de trempage et 1 heure 45 de cuisson)
Servir avec des légumes, des côtes d'agneau ou du poisson
400 calories la part

Version rapide

Rincez 800 grammes de pois chiches cuits (2 boîtes). Réduisez-les en purée avec les autres ingrédients. Réchauffez la purée sur feu très doux en remuant. Faites chauffer les pignons et le paprika dans le beurre et nappez-en la purée avant de servir.

Tajine de haricots blancs à la viande

Incontournable !

Pour 4 personnes

300 g de haricots blancs secs

4 oignons rouges

4 tomates

1 poivron vert

1 bouquet de persil et 1 de coriandre

1 cuillerée à soupe de cumin moulu

1 cuillerée à soupe de paprika doux

4 cuillerées à soupe d'huile d'olive

sel, poivre du moulin

100 g de cerneaux de noix

4 gousses d'ail

500 g d'agneau ou de bœuf haché

2 cuillerées à café de *ras-el-hanout* (page 113)

2 cuillerées à café de jus de citron

1 Mettez les haricots dans une jatte et couvrez-les d'eau. Laissez tremper une nuit.

2 Le lendemain, égouttez-les et mettez-les dans une cocotte avec de l'eau propre. Portez à ébullition, réduisez le feu et couvrez (en intercalant une cuillère en bois entre la cocotte et le couvercle). Laissez frémir environ 1 heure, jusqu'à ce que les haricots soient tendres mais encore croquants à l'intérieur. Égouttez.

3 Pelez les oignons et coupez-les en huit. Ôtez le pédoncule des tomates. Plongez celles-ci dans l'eau bouillante, attendez un instant, puis égouttez. Rafraîchissez les tomates sous l'eau froide, puis pelez-les. Coupez la pulpe en cubes. Lavez le poivron et ôtez son pédoncule, les graines et les filaments blancs. Lavez, essuyez et équeutez les herbes. Hachez finement les feuilles.

4 Mélangez les haricots blancs, les oignons, les tomates, le poivron, la moitié des herbes, le cumin, le paprika et l'huile d'olive. Salez et poivrez. Mettez le tout dans un tajine ou une cocotte. Ajoutez 12,5 centilitres d'eau et faites chauffer. Couvrez et laissez mijoter pendant environ 30 minutes sur feu moyen. Si nécessaire, allongez d'un peu d'eau en cours de cuisson.

5 Pendant ce temps, râpez finement les cerneaux de noix. Pelez l'ail et écrasez-le au presse-ail. Mettez les noix, l'ail, le reste des herbes et la viande hachée dans une jatte. Ajoutez le *ras-el-hanout*, du sel, du poivre et le jus de citron et malaxez bien avec les mains. Formez des boulettes de la taille d'une balle de ping-pong.

6 Remuez les haricots et posez les boulettes dessus. Couvrez et laissez cuire 30 minutes. Avant de servir, rectifiez l'assaisonnement des haricots.

Préparation : 25 minutes (+ 1 nuit de trempage et 2 heures de cuisson)
Servir avec de la pita
755 calories la part

Artichauts au citron confit au sel

Assez inhabituel

Pour 4 personnes, en accompagnement ou en entrée

12 petits artichauts tendres violets

2 oignons et 2 gousses d'ail

1 piment vert

1 dose de filaments de safran (0,2 g)

2 cuillerées à soupe d'huile d'olive

1 cuillerée à café de curcuma moulu

1 cuillerée à café de *ras-el-hanout* (page 113)

sel, poivre du moulin

1 citron confit au sel (page 131)

1/2 bouquet de persil

1 Ôtez les feuilles externes sombres des artichauts. Pour savoir si vous en avez ôté assez, prélevez une feuille et mordez dans la base. Si la chair vient facilement, tout va bien. Coupez les extrémités sombres des feuilles restantes et le trognon en pointe. Coupez les artichauts en quatre dans la longueur et ôtez le foin : si l'artichaut est très jeune, vous n'en trouverez pas.

2 Pelez les oignons, coupez-les en deux, puis en lanières de 1 centimètre de largeur. Pelez l'ail et émincez-le en fines lamelles. Lavez le piment et coupez-le en deux. Ôtez le pédoncule et coupez la pulpe en lanières. Faites tremper le safran dans 12,5 centilitres d'eau tiède et laissez infuser jusqu'à ce que l'eau soit jaune.

3 Chauffez l'huile dans une cocotte. Faites-y revenir les artichauts de tous côtés. Ajoutez les oignons, l'ail et le piment. Mouillez avec l'eau safranée. Ajoutez le curcuma, le *ras-el-hanout* et un peu de sel et de poivre.

4 Couvrez, réduisez le feu et laissez mijoter 15 minutes, jusqu'à ce que les légumes soient cuits mais croquants à l'intérieur. Pendant ce temps, rincez le citron confit sous l'eau froide. Coupez-le en quatre, prélevez la pulpe et jetez-la. Coupez le zeste en très fines lanières. Lavez, essuyez et équeutez le persil. Hachez finement les feuilles. Incorporez le zeste et le persil aux artichauts et servez.

Préparation et cuisson : 35 minutes
Servir avec de la pita et des côtes d'agneau
105 calories la part

Soupe de haricots à l'agneau

Tout ce qu'il y a de simple

Pour 4 personnes

100 g de fèves des marais sèches
100 g de haricots rouges secs
2 oignons
500 g d'épaule d'agneau désossée
150 g de pruneaux
4 tomates
1 citron vert non traité
50 g de lentilles roses ou de petits pois jaunes
1 cuillerée à café de curcuma moulu,
1 de coriandre moulue et 1 de cannelle
sel, poivre du moulin
2 cuillerées à soupe de grenadine
1 bouquet de persil

1 Mettez les fèves et les haricots dans des jattes différentes, couvrez d'eau et laissez tremper une nuit. Le lendemain, pelez les fèves. Pelez les oignons et hachez-les. Ôtez le gras de l'agneau et coupez la chair en cubes de 2 centimètres de côté.

2 Mettez les fèves, les haricots, les oignons et l'agneau dans une cocotte. Couvrez de 12,5 centilitres d'eau et portez à ébullition. Réduisez le feu, couvrez et laissez frémir 1 heure environ.

3 Coupez les pruneaux en deux et dénoyautez-les. Lavez les tomates, ôtez leur pédoncule et coupez la pulpe en dés. Brossez le citron vert sous l'eau chaude et coupez-le en quatre.

4 Ajoutez les pruneaux, les tomates, le citron vert et les lentilles ou les petits pois dans la cocotte. Incorporez le curcuma, la coriandre, la cannelle, du sel, du poivre et la grenadine. Laissez frémir 1 heure de plus à découvert. Avant de servir, lavez, essuyez et équeutez le persil. Hachez les feuilles. Rectifiez l'assaisonnement de la soupe et parsemez-la du persil.

Préparation : 25 minutes (+ 1 nuit de trempage et 2 heures de cuisson)
Servir avec de la pita et des côtes d'agneau
490 calories la part

Foul

En Égypte, dès le petit déjeuner

Pour 4 affamés

400 g de fèves égyptiennes (sèches et brunes)

1 gros oignon

2 gousses d'ail

2 feuilles de laurier

sel

2 oignons rouges

1 concombre

3 tomates

3 poivrons jaunes

1/2 bouquet de persil

1/2 bouquet de menthe

1 cuillerée à soupe de cumin moulu

2 citrons non traités

8 cuillerées à soupe d'huile d'olive (ou la bouteille sur la table)

1 Mettez les fèves dans une jatte. Couvrez-les d'eau et laissez tremper une nuit.

2 Le lendemain, égouttez les fèves et mettez-les dans une cocotte. Pelez l'oignon et l'ail, coupez-les en dés et ajoutez-les aux fèves avec les feuilles de laurier. Couvrez d'eau et portez à ébullition. Réduisez le feu, couvrez et laissez cuire environ 4 heures, jusqu'à ce que les fèves forment presque une mousse. Remuez de temps en temps et allongez d'eau s'il n'en reste pas assez. À la fin de la cuisson, les fèves doivent ressembler à une purée pas trop liquide. Ôtez les feuilles de laurier, salez et réservez au chaud.

3 Pelez les oignons rouges et coupez-les en dés. Lavez ou pelez le concombre. Coupez-le en deux dans sa longueur et ôtez les graines à l'aide d'une cuillère. Débitez la chair en dés. Lavez les tomates, ôtez leur pédoncule et coupez-les en dés. Lavez les poivrons, éliminez les graines et les filaments blancs et coupez la pulpe en dés. Lavez, essuyez et équeutez les herbes. Conservez les feuilles entières ou hachez-les grossièrement. Mettez tous ces ingrédients dans des coupelles séparées sur la table, avec les citrons en quartiers et l'huile d'olive.

4 Pour déguster, chaque convive se sert de bouillie de fève dans une assiette (creuse, de préférence), la parsème de légumes, d'oignon et d'herbes à volonté et assaisonne de cumin, de jus de citron et d'huile d'olive.

Préparation : 30 minutes (+ 1 nuit de trempage et 4 heures de cuisson)
Servir avec de la pita
480 calories la part

Pois chiches à l'épaule de veau

Réchauffe et réjouit

Pour 4 personnes en plat unique

200 g de pois chiches secs

500 g d'épaule de veau

2 dattes fraîches charnues (facultatif)

4 gousses d'ail

2 branches de céleri

250 g d'épinards

2 cuillerées à café de flocons de paprika ou de harissa (page 95)

1 cuillerée à café de menthe séchée

sel, poivre du moulin

500 g de cerneaux de noix

2 oignons

1 cuillerée à soupe d'huile d'olive

1 cuillerée à soupe de beurre clarifié

1 Mettez les pois chiches dans une jatte, couvrez d'eau à hauteur et laissez tremper une nuit.

2 Le lendemain, égouttez les pois chiches. Coupez la viande en cubes de 1 centimètre de

côté. Mettez-la dans une cocotte avec les pois chiches et 1,25 litre d'eau. Portez à ébullition, réduisez le feu et couvrez. Laissez mijoter 1 heure 30, jusqu'à ce que les pois chiches soient presque tendres.

3 Coupez les dattes en deux et dénoyautez-les. Coupez leur chair en lanières. Pelez l'ail et hachez-le finement. Lavez le céleri, coupez les extrémités et ôtez les gros fils. Lavez soigneusement les épinards dans l'eau froide en éliminant les feuilles flétries. Égouttez-les, puis hachez-les.

4 Ajoutez les dattes, l'ail, le céleri et les épinards aux pois chiches. Assaisonnez des flocons de paprika ou de la harissa, de la menthe, de sel et de poivre. Laissez mijoter 20 minutes supplémentaires.

5 Pendant ce temps, concassez les cerneaux de noix. Pelez les oignons et coupez-les en deux, puis en fines lanières. Faites chauffer l'huile et le beurre clarifié dans une poêle. Faites-y dorer les oignons environ 10 minutes à feu moyen. Remuez sans cesse. Ajoutez les noix et réchauffez-les. Salez et poivrez. Avant de servir, parsemez-en le plat.

Préparation : 25 minutes (+ 1 nuit de trempage et près de 2 heures de cuisson)
Servir avec de la pita
425 calories la part

Soupe de lentilles roses

Vite fait, bien fait !

Pour 4 personnes, en entrée ou en en-cas

1 gros oignon

2 carottes

60 g de beurre

200 g de lentilles roses

1,25 l de bouillon de viande ou de légumes

125 g de yaourt

sel, poivre du moulin

1 cuillerée à soupe de jus de citron

4 tranches de pain de mie

3 cuillerées à café de paprika doux

1 Pelez l'oignon et les carottes et coupez-les en dés. Mettez-les dans une cocotte avec 1 cuillerée à soupe de beurre. Faites-les fondre en remuant jusqu'à ce que l'oignon soit transparent.

2 Ajoutez les lentilles et remuez jusqu'à ce qu'elles soient enrobées de beurre. Incorporez le bouillon et le yaourt et mélangez bien. Couvrez et laissez mijoter la soupe 15 à 20 minutes sur feu doux, jusqu'à ce que les lentilles soient tendres. Mixez la soupe dans la cocotte. Assaisonnez de sel, de poivre et du jus de citron. Réservez au chaud.

3 Éliminez la croûte du pain et coupez la mie en dés. Faites dorer ceux-ci à la poêle, dans la moitié du beurre restant. Remuez sans cesse pour qu'ils ne brûlent pas. Pendant ce temps, faites fondre le reste du beurre dans une petite poêle et incorporez le paprika. Remuez jusqu'à ce que le beurre soit bien rouge.

4 Servez la soupe dans des bols ou des assiettes creuses, parsemez-la de croûtons et arrosez-la de beurre au paprika.

Préparation et cuisson : 35 minutes
Servir avec de la pita
415 calories par part

Couscous,

Couscous ! Ce mot sonne comme une invitation…

riz & Cie

Jusqu'à présent, tout restait encore assez familier. Quelques sauces et salades, de la pita et des falafels, des légumes et des lentilles dans la soupe. Passons maintenant aux céréales.

Oublions le pain et les pâtes, cela n'aurait rien de nouveau. Intéressons-nous plutôt au couscous. Quelle invitation à la dégustation ! Quel régal ! Si pur et pourtant plein d'arômes, si nourrissant et pourtant si léger. Un vrai petit miracle, cette semoule de blé, comme la manne qui sauva les fils d'Israël dans le désert.

Et le riz, alors ? Il est très oriental, lui aussi. Les Iraniens le consomment volontiers, accommodé selon des recettes empruntées à l'Inde. La cuisson du riz n'a plus de secret pour eux, qu'on le prépare à la vapeur ou à la poêle… enfin, lisez vous-même. Et découvrez en passant ce que l'Orient sait faire avec les pâtes et le boulgour.

Boisson d'Orient

Thé à la turque

Après le thé à la menthe d'Afrique du Nord, nous voici parvenus au thé noir de Turquie, appelé *çay*. Il est préparé traditionnellement avec un samovar. L'eau qui bout dans sa panse est versée dans la petite théière remplie de feuilles, posée au chaud sur la partie supérieure du samovar pour laisser infuser. Le thé est ensuite versé dans les verres typiques en forme de tulipe, allongé avec de l'eau du samovar et servi avec un ou deux morceaux de sucre. Pendant qu'on le déguste, la tradition veut qu'une nouvelle théière soit préparée.

Tout le monde ne possédant pas forcément un samovar, on trouve dans les boutiques orientales des théières doubles en aluminium, pour suivre ce rituel. Pour 6 verres, mettez 6 cuillerées à café de thé noir et une pincée de sucre dans la théière du haut, préalablement rincée à l'eau chaude, et portez 1/2 litre d'eau à ébullition dans la théière inférieure. Mettez quelques gouttes d'eau bouillante dans chaque verre pour les réchauffer, versez le reste sur le thé. Pendant qu'une nouvelle eau est mise à bouillir en bas, le thé infuse 3 à 5 minutes. Servez le thé dans les verres. Laissez un peu de place pour l'allonger s'il est trop fort. Videz et rincez la théière du haut, et préparez-la pour une nouvelle tournée. En l'occurrence, une simple bouilloire et une théière classique feront l'affaire.

le pain

...aliment sacré

Pas un jour, pas un repas sans pain en Orient. Don direct de Dieu, il nourrit en toutes circonstances. Au petit déjeuner, à midi, ou pour un en-cas, le maître de maison rompt toujours le pain et le distribue à ceux qui partagent sa table.

Le trancher au couteau est totalement prohibé, cela équivaudrait à vouloir découper Dieu lui-même. Le pain est souvent utilisé comme couvert. Coincé entre le pouce, l'index et le majeur, il sert à saisir les mezze et les sauces.

Lorsqu'un morceau de pain tombe par terre, il faut l'appliquer brièvement sur les lèvres et le front avant de le mettre de côté pour une autre utilisation. Dans la cuisine orientale, le respect impose de ne rien jeter et surtout pas le pain. À la fin du jour, il doit avoir été entièrement consommé. Dans le cas contraire, les restes sont distribués aux voisins ou aux nécessiteux. Encore une coutume typique.

Lorsqu'un visiteur arrive par surprise, il s'entend dire : « Sois le bienvenu, c'est avec plaisir que nous partageons avec toi le pain et le fromage. » Il se voit alors proposer du pain, du fromage de chèvre et de la pastèque accompagnés d'un thé à la menthe et d'un sirop de grenadine. À moins qu'on ne lui serve une bonne portion de mezze que les femmes viennent juste de terminer. Et qu'on se le dise, ce n'est qu'un début...

◊ Un conseil du djinn ◊

Les boissons

Cher djinn !

Il fait si chaud ici et la nourriture est si savoureuse… Ce que j'aimerais boire un bon verre de vin blanc frais comme on le fait chez nous ! Mais c'est impossible ici, non ? Alors dis-moi, qui boit tout le raki ?

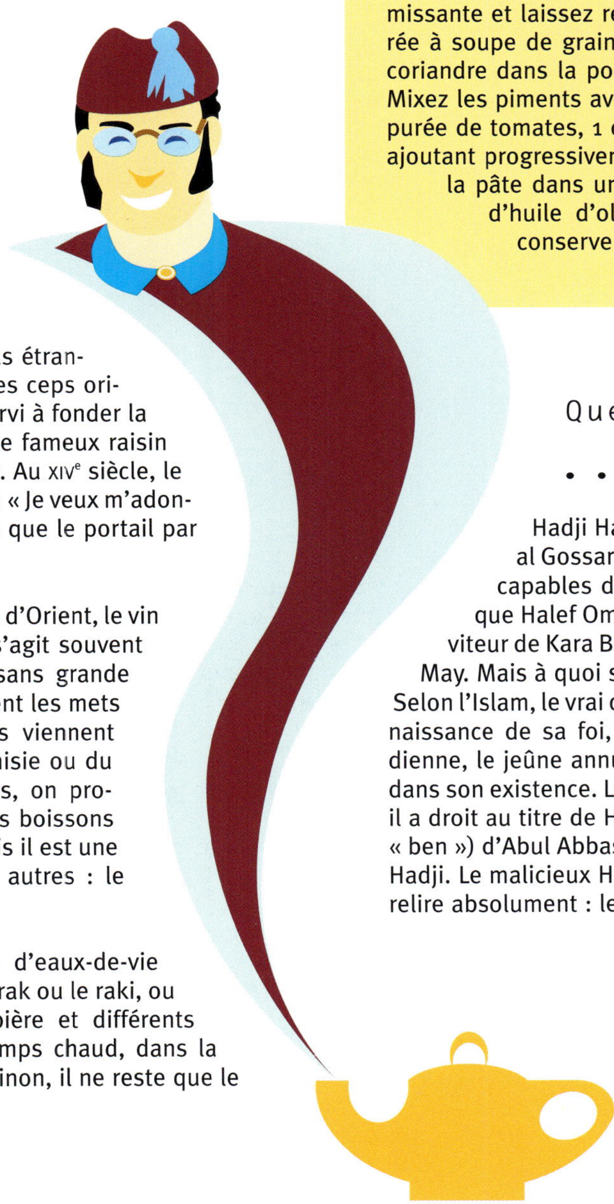

À l'origine, le vin ne nous était pas étranger. Il paraît même que ce sont des ceps originaires d'Asie Mineure qui ont servi à fonder la culture viticole en Europe. Ainsi, le fameux raisin de shiraz (ou syrah) vient d'Orient. Au XIVe siècle, le poète persan Hafis écrivait encore : « Je veux m'adonner à l'ivresse, jusqu'à n'être plus que le portail par lequel coulent les images ! »

Dans les cultures non musulmanes d'Orient, le vin fait toujours partie des repas. Il s'agit souvent de vins jeunes, forts et fruités, sans grande finesse, accompagnant parfaitement les mets sucrés, acidulés ou pimentés. Ils viennent souvent d'Israël, du Liban, de Tunisie ou du Maroc. Dans les pays musulmans, on propose des jus de fruits frais ou des boissons glacées au sirop ou au yaourt. Mais il est une boisson qui surclasse toutes les autres : le cola sur glace.

Le Moyen-Orient est une région d'eaux-de-vie aromatisées à l'anis, telles que l'arak ou le raki, ou encore le *mahia* marocain. La bière et différents whisk(e)ys sont appréciés par temps chaud, dans la mesure où la religion l'autorise. Sinon, il ne reste que le *moka* bien fort ou la pipe à eau.

Basiques orientaux faits maison

Harissa

L'Asie du Sud-Est a le *sambal*, l'Afrique du Nord, la harissa : une pâte de piments rouge vif, forte et épicée, véritable ingrédient de base pour les plats chauds. La harissa est ajoutée dans les sauces, les soupes et les ragoûts, et elle convient au couscous comme le ketchup aux frites. Vous la trouverez au supermarché ou la ferez vous-même.

Couvrez 100 grammes de piments séchés avec 10 centilitres d'eau frémissante et laissez reposer pendant 5 minutes. Faites griller 1 cuillerée à soupe de graines de cumin et 1 cuillerée à café de graines de coriandre dans la poêle, laissez refroidir et réduisez en poudre fine. Mixez les piments avec l'eau, 3 gousses d'ail pelées, 50 grammes de purée de tomates, 1 cuillerée à café de sel et les graines moulues en ajoutant progressivement 8 cuillerées à soupe d'huile d'olive. Versez la pâte dans un bocal, lissez la surface et couvrez-la d'un peu d'huile d'olive. Fermez hermétiquement. Votre harissa se conserve 1 mois dans le réfrigérateur.

Que signifie...
...Hadji ?

Hadji Halef Omar Ben Hadji Abul Abbas Ibn Hadji Dawud al Gossarah. Les vrais fans des spectacles de Karl May sont capables de réciter ce nom par cœur. Ils savent également que Halef Omar – sous sa forme raccourcie – était le fidèle serviteur de Kara Ben Nemsi, dans le célèbre western oriental de Karl May. Mais à quoi servent donc tous ces Hadji dans son nom ?
Selon l'Islam, le vrai croyant mène sa vie selon cinq principes : la reconnaissance de sa foi, la volonté d'aider les pauvres, la prière quotidienne, le jeûne annuel et le voyage à La Mecque, au moins une fois dans son existence. Lorsqu'il y exécute les devoirs religieux du pèlerin, il a droit au titre de Hadji, comme Hadji Halef Omar, fils (« ibn », voire « ben ») d'Abul Abbas, lui-même fils de Dawud al Gossarah, tous deux Hadji. Le malicieux Halef Omar a donc droit au triple Hadji. À lire ou à relire absolument : les œuvres orientales de Karl May.

Couscous à la vapeur

Traditionnel et particulièrement fin

Pour 4 personnes en accompagnement

300 g de couscous

sel

1 cuillerée à soupe de beurre

ou d'huile d'olive

1/2 cuillerée à café de curcuma moulu

(facultatif)

1 Utilisez une passoire qui tiendra dans le haut d'un faitout. (Il doit y avoir le moins d'espace possible entre le bord de la passoire et la paroi du faitout. Pour ceux qui comptent préparer souvent du couscous, il est recommandé d'acheter un couscoussier.)

2 Dans une jatte, mélangez le couscous avec 30 centilitres d'eau et du sel. Laissez-le gonfler environ 1 heure, jusqu'à ce qu'il ait absorbé l'eau.

3 Portez à ébullition 50 centilitres d'eau dans le faitout. Égrenez le couscous avec les doigts jusqu'à ce qu'il n'y ait plus aucun grumeau. Mettez-le dans la passoire et posez celle-ci sur le faitout. S'il y a un espace entre la passoire et le bord, comblez-le à l'aide d'un linge : la vapeur doit s'échapper uniquement par le haut.

4 Faites étuver le couscous environ 15 minutes sur feu vif, sans couvrir. On doit voir la vapeur passer entre les grains.

5 Remettez le couscous dans la jatte et arrosez-le de 5 centilitres d'eau. Laissez reposer un instant. Remuez à la fourchette en éliminant les grumeaux. Remettez de l'eau dans la cocotte et le couscous dans la passoire. Faites étuver 15 minutes de plus.

6 Remettez le couscous dans la jatte. Ajoutez 5 centilitres d'eau et séparez à nouveau les grains. Laissez reposer un instant. Remettez le couscous dans la passoire et faites étuver 15 minutes supplémentaires.

7 Coupez le beurre en dés. Transférez le couscous dans la jatte, incorporez le beurre (ou l'huile) et, le cas échéant, le curcuma. Dressez le couscous sur un plat et servez.

Préparation : 20 minutes (+ 1 heure de repos et 45 minutes de cuisson)
Servir avec un pot-au-feu, un ragoût ou une potée
265 calories la part

Couscous à la cocotte

Plus rapide et tout aussi bon

Pour 4 personnes en accompagnement

300 g de couscous

sel

1 cuillerée à soupe d'huile d'olive

1 cuillerée à soupe de beurre

1 Mettez le couscous dans une passoire et lavez-le à l'eau froide. Transférez-le dans une jatte. Arrosez de 40 centilitres d'eau et laissez gonfler environ 10 minutes

2 Mettez le couscous avec son liquide et un peu de sel dans une cocotte. Incorporez l'huile et laissez mijoter environ 10 minutes sur feu moyen. Remuez de temps en temps.

3 Coupez le beurre en dés et incorporez-le au couscous à l'aide d'une fourchette. Profitez-en pour bien séparer les grains.

Préparation et cuisson : 25 minutes
Servir avec un pot-au-feu, un ragoût ou une potée
285 calories la part

Version rapide :

Le couscous précuit est encore plus rapide à préparer. Portez à ébullition 40 centilitres d'eau dans une cocotte. Salez. Ajoutez 300 grammes de couscous précuit, ôtez du feu et couvrez. Laissez gonfler 5 minutes, puis séparez les grains à la fourchette. Incorporez quelques copeaux de beurre et servez. (Il est indispensable de servir le couscous dans une jatte préchauffée car, le temps de cuisson étant très court, il refroidit vite). Ou faites revenir le couscous quelques minutes dans de l'huile d'olive, puis arrosez-le avec l'eau salée bouillante, couvrez et laissez gonfler.

Couscous à l'orge

Grains plus gros mais goût plus fin

Pour 4 personnes en accompagnement

300 g de grains d'orge (en magasin bio)

sel

1 cuillerée à soupe d'huile d'olive

1 Mettez l'orge dans une jatte avec 40 centilitres d'eau et du sel et laissez gonfler environ 1 heure.

2 Chauffez 50 centilitres d'eau dans une cocotte. Mettez l'orge dans une passoire et faites-le cuire à la vapeur environ 20 minutes. Pour plus d'indications, voyez la recette de couscous à la vapeur, page précédente.

3 Dans une jatte, mélangez l'orge avec 10 centilitres d'eau et laissez reposer un instant. Faites cuire l'orge à la vapeur 20 minutes de plus. Incorporez à nouveau 10 centilitres d'eau et faites cuire à la vapeur 20 minutes supplémentaires. Le cas échéant, ajoutez de l'eau dans la cocotte.

4 Transférez l'orge dans une jatte et ajoutez l'huile d'olive et du poivre. Dressez sur un plat et servez.

Préparation : 15 minutes (+ 2 heures de repos et de cuisson)
Servir avec un pot-au-feu, un ragoût ou une potée
275 calories la part

Version rapide :

Au lieu des grains d'orge, mettez du gruau d'orge dans 60 centilitres de bouillon de légumes. Portez à ébullition. Éteignez le feu et laissez gonfler 5 minutes. Incorporez l'huile et le sel et séparez les grains à la fourchette.

Avec le couscous, servez impérativement un pot-au-feu, un ragoût ou une potée

voir double page suivante >>>

Pot-au-feu de poisson

Avec du couscous, mais aussi du riz

Pour 4 personnes
600 g de tomates
1 oignon
4 gousses d'ail
1/2 citron confit au sel (page 131, ou 1/2 citron non traité)
1/2 bouquet de persil
1/2 bouquet de coriandre
1/2 dose de filaments de safran (0,1 g)
1 cuillerée à soupe de beurre
2 cuillerées à café de paprika doux
2 cuillerées à café de cumin moulu
sel, poivre du moulin
1/2 à 1 cuillerée à café de harissa (page 95)
800 g de filets de poisson (tout ce que le poissonnier vous propose, du lieu à la lotte)

1 Ôtez le pédoncule des tomates. Arrosez celles-ci d'eau bouillante et attendez un instant. Rafraîchissez-les sous l'eau froide, pelez-les et coupez-les en deux. Pressez légèrement les moitiés et éliminez les graines à l'aide d'un couteau. Coupez la chair en dés et mettez-les dans une cocotte. Pelez l'oignon et l'ail et coupez-les en dés très fins. Incorporez-les aux tomates.

2 Lavez le citron confit sous l'eau froide. Prélevez son zeste et coupez-le en dés (on n'emploiera pas la pulpe). Lavez, essuyez et équeutez les herbes. Réservez quelques feuilles et hachez finement le reste. Faites tremper le safran dans 15 centilitres d'eau tiède et laissez infuser jusqu'à ce que l'eau soit jaune.

3 Ajoutez aux tomates le zeste de citron, les herbes hachées et l'eau safranée. Incorporez le beurre et toutes les épices, puis réchauffez le tout. Laissez mijoter 10 minutes à feu doux, à découvert, jusqu'à ce que la sauce ait un peu épaissi.

4 Pendant ce temps, rincez le poisson sous l'eau froide et essuyez-le. Coupez-le en cubes de 2 centimètres de côté. Disposez les cubes dans la sauce tomate. Couvrez et laissez cuire 10 minutes de plus. Mélangez avec précaution, décorez avec les herbes réservées et servez accompagné de couscous.

Préparation et cuisson : 40 minutes
Servir avec du yaourt à la menthe et à la harissa (page 95)
190 calories la part

Ragoût d'agneau pimenté

Un classique avec le couscous

Pour 4 personnes
700 g d'épaule d'agneau (désossée)
4 cuillerées à soupe d'huile d'olive
1 1/2 cuillerée à soupe de *ras-el-hanout* (page 113)
500 g d'oignons
4 gousses d'ail
1 piment vert
2 tomates
50 g de raisins secs, d'abricots secs ou de figues sèches
1 cuillerée à café de curcuma moulu
sel, poivre du moulin
1 à 2 cuillerées à soupe de concentré de tomates
1 boîte de pois chiches (400 g, facultatif)
1/2 bouquet de menthe

1 Coupez la viande en morceaux de 2 ou 3 centimètres de côté. Mélangez l'huile et le *ras-el-hanout* et incorporez à la viande.

2 Pelez les oignons et coupez-les en quatre. Pelez l'ail et émincez-le en fines lamelles. Lavez le piment, ôtez son pédoncule et coupez la pulpe en anneaux. Lavez les tomates, ôtez le pédoncule et coupez-les en dés très fins.

3 Empilez dans une cocotte la viande, les oignons, l'ail, les tomates, le piment et les fruits secs coupés en dés. Délayez le curcuma, du sel, du poivre et le concentré de tomates dans 25 centilitres d'eau. Ajoutez dans la cocotte et portez à ébullition. Couvrez et laissez mijoter 1 heure à feu doux. Veillez à ce qu'il y ait toujours du liquide dans la cocotte.

4 Mettez les pois chiches dans une passoire et rincez-les sous l'eau froide. Incorporez-les au ragoût et laissez mijoter 15 minutes. Avant de servir, lavez, essuyez et équeutez la menthe et hachez les feuilles. Rectifiez l'assaisonnement et incorporez la menthe. Servez avec du couscous ou dressez celui-ci sur un plat et recouvrez-le du ragoût.

Préparation : 25 minutes (+ 1 heure 15 de cuisson)
Servir avec du yaourt au concombre et aux raisins secs (page 43)
500 calories la part

C'est bon aussi :

Faites cuire le ragoût avec des légumes comme des carottes ou des navets coupés en morceaux, des haricots verts ou des fèves.

Potée aux sept légumes

Multicolore

Pour 4 personnes

300 g de carottes

250 g de navets (ou 1 chou-rave)

1/2 chou blanc

2 oignons

500 g de tomates

2 courgettes

1 aubergine

2 piments rouges

1 bouquet de coriandre

1 dose de filaments de safran (0,2 g)

2 cuillerées à café de *ras-el-hanout* (page 113)

sel, poivre du moulin

2 cuillerées à soupe de beurre

ou 4 cuillerées à soupe d'huile d'olive

1 Pelez carottes et navets. Coupez les carottes en bâtonnets de 2 ou 3 centimètres de long et les navets en quatre ou huit, selon la grosseur. Nettoyez le chou et coupez-le en lanières de 1 centimètre. Pelez les oignons et coupez-les aussi en lanières. Ôtez le pédoncule des tomates. Arrosez celles-ci d'eau bouillante et attendez un instant. Pelez-les et coupez-les en quatre. Lavez les courgettes et l'aubergine, coupez leurs bouts. Coupez la pulpe en cubes de 2 centimètres de côté.

2 Lavez les piments et ôtez leur pédoncule. Coupez-les en anneaux. Lavez et essuyez la coriandre. Hachez les feuilles. Faites tremper le safran dans 12,5 centilitres d'eau tiède.

3 Mélangez les carottes, les navets, le chou, les piments, la coriandre et l'eau safranée dans une cocotte. Incorporez le *ras-el-hanout*, du sel et du poivre. Ajoutez le beurre en dés ou l'huile. Réchauffez, couvrez et laissez mijoter 10 minutes à feu moyen.

4 Ajoutez le reste des légumes, remuez et laissez cuire 10 à 15 minutes, jusqu'à ce que tous les légumes soient tendres mais encore croquants. Rectifiez l'assaisonnement. Dressez le couscous sur un plat, creusez une fontaine au centre et remplissez-la des légumes.

Préparation et cuisson : 40 minutes
Servir avec de la harissa (page 95) additionnée de jus de citron et d'huile d'olive, ou du yaourt additionné de harissa et de coriandre

C'est bon aussi :

Vous pouvez remplacer le chou blanc par des petits pois ou des fèves des marais fraîches, et les navets par des topinambours ou des panais. En fin de cuisson, réchauffez le contenu d'une boîte de pois chiches (400 grammes) dans la cocotte.

Riz persan avec croûte de pommes de terre

Alias *tchelo* en Iran

Pour 4 personnes en accompagnement
300 g de riz long (par exemple, basmati)
sel
1 pomme de terre à chair ferme
(environ 150 g) ou 100 g de pain
(très finement tranché)
4 cuillerées à soupe de beurre

1 Mettez le riz dans une jatte d'eau froide et remuez bien. Égouttez-le, puis rincez-le encore deux ou trois fois. Égouttez.

2 Dans une cocotte, mettez le riz et 75 centilitres d'eau froide salée. Portez à ébullition et laissez bouillir 5 minutes. Versez dans une passoire et rafraîchissez sous l'eau froide. Égouttez.

3 Pelez la pomme de terre, lavez-la et coupez-la en fines rondelles. Dans une autre cocotte, faites fondre 2 cuillerées à soupe de beurre. Tapissez le fond de la cocotte des rondelles de pommes de terre ou des tranches de pain. Empilez le riz en forme de pyramide. Coupez le reste du beurre en dés et répartissez-les sur le tas de riz.

4 Posez un linge propre sur la cocotte, mettez le couvercle et enfoncez-le de façon à ce que la cocotte soit étanche. Posez la cocotte sur le feu et faites cuire le riz environ 1 heure à tout petit feu (pour la cuisson au gaz, intercalez une plaque diffusante).

5 Avant de servir, plongez brièvement la cocotte dans l'eau froide pour que la croûte de pommes de terre se détache et retournez le tout sur un plat.

Préparation : 30 minutes (+ 1 heure de cuisson)
Servir avec n'importe quel plat en sauce, comme du canard en sauce grenade et noix (page 118) ou une potée de légumes
355 calories la part

Notre conseil

Même sans pommes de terre, en Iran, le riz est toujours préparé avec le plus grand soin. Lavez-le et faites-le précuire, puis mettez-le dans la cocotte avec de l'huile ou du beurre. Couvrez d'un linge, posez le couvercle et laissez cuire 1 heure.

Riz safrané aux abricots

Fruité et doux

Pour 4 personnes
300 g de riz basmati
1/2 dose de safran en filaments
ou en poudre (0,1 g)
sel
80 g d'abricots secs
4 dattes fraîches charnues
2 cuillerées à soupe de beurre
1/2 cuillerée à café de cannelle
1 pincée de muscade fraîchement râpée

1 Mettez le riz dans une passoire et rincez-le sous l'eau froide jusqu'à ce que l'eau soit propre. Égouttez-le.

2 Délayez le safran dans 15 centilitres d'eau tiède et laissez infuser jusqu'à ce que l'eau soit jaune. Mettez le riz, l'eau safranée et du sel dans une cocotte et portez à ébullition. Couvrez et faites cuire environ 15 minutes à feu très doux.

3 Pendant ce temps, débitez les abricots en dés très fins. Coupez les dattes en deux dans la longueur et ôtez leur noyau. Coupez la pulpe en lanières.

4 Faites fondre le beurre dans une petite poêle. Ajoutez les abricots et les dattes et laissez chauffer 5 minutes à feu doux en remuant sans cesse. Ajoutez la cannelle et la muscade, puis incorporez le tout au riz. Le cas échéant, salez un peu, puis transférez dans une jatte et servez.

Préparation et cuisson : 20 minutes
Servir avec n'importe quel plat de viande en sauce, comme un ragoût d'agneau au yaourt (page 121) ou un ragoût de bœuf (page 119)
365 calories la part

C'est bon aussi :

Remplacez le safran par 1/2 à 1 cuillerée à café de curcuma moulu et les abricots secs par des pruneaux coupés en dés. Vous pouvez aussi faire griller des pistaches, des pignons de pin ou des amandes concassées et les ajouter au riz.

Riz à l'oignon et à la pistache

Granulé et coloré

Pour 4 personnes

250 g de riz basmati

1 oignon

2 gousses d'ail

2 cuillerées à soupe de pignons de pin

2 cuillerées à soupe d'amandes mondées

2 cuillerées à soupe de pistaches décortiquées

2 cuillerées à soupe de beurre

1 cuillerée à café de curcuma moulu

1 cuillerée à café de cumin moulu

1 pincée de cannelle

sel

1/2 bouquet de coriandre

1/2 cuillerée à soupe de jus de citron

1 Mettez le riz dans une passoire et rincez-le sous l'eau froide jusqu'à ce que l'eau soit propre. Égouttez-le.

2 Pelez l'oignon et l'ail et coupez-les en dés. Hachez grossièrement les pignons de pin, les amandes et les pistaches. Faites fondre le beurre dans une cocotte et faites-y revenir le tout.

3 Ajoutez le riz et remuez bien. Délayez le curcuma dans 50 centilitres d'eau et versez dans la cocotte. Assaisonnez le riz de cumin, de cannelle et de sel. Couvrez et faites cuire environ 15 minutes à feu très doux.

4 Lavez, essuyez et équeutez la coriandre. Hachez finement les feuilles. Incorporez le jus de citron au riz et, le cas échéant, salez encore un peu. Versez le riz dans une jatte et parsemez-le de la coriandre.

Préparation et cuisson : 25 minutes
Servir avec une viande ou une volaille, comme des blancs de poulet farcis aux dattes (page 117)
350 calories la part

Variante

Riz au berberis

Ébouillantez 2 cuillerées à soupe de berberis séché et laissez infuser 30 minutes. Lavez le riz et faites-le précuire 10 minutes dans 75 centilitres d'eau salée. Faites revenir le berberis avec 50 grammes d'amandes effilées dans 2 cuillerées à soupe de beurre. Délayez un peu de safran dans 30 centilitres d'eau tiède. Égouttez le riz et incorporez-y le berbéris et les amandes, 2 cuillerées à soupe de raisins secs et l'eau safranée. Faites cuire 10 minutes de plus. Salez et poivrez.

Gratin de riz à l'aubergine

Élémentaire

Pour 4 personnes en plat principal
ou 6 à 8 en accompagnement
300 g de riz basmati
sel, poivre du moulin
2 oignons
2 aubergines (550 g)
1 dose de filaments de safran (0,2 g)
4 cuillerées à soupe d'huile
200 g de yaourt
2 jaunes d'œufs
3 cuillerées à soupe de beurre

1 Dans une passoire, rincez le riz sous l'eau froide puis égouttez-le. Mettez-le dans une cocotte avec 75 centilitres d'eau froide et portez à ébullition. Faites précuire environ 8 minutes. Versez le riz dans une passoire, rafraîchissez-le sous l'eau froide et égouttez.

2 Pelez les oignons et hachez-les finement. Lavez les aubergines et ôtez leurs bouts. Coupez le reste en quatre dans la longueur, puis en tranches. Faites tremper le safran dans 12,5 centilitres d'eau tiède.

3 Chauffez l'huile dans une poêle. Faites-y dorer l'aubergine à feu moyen en remuant. Ajoutez les oignons et faites-les revenir. Mouillez avec l'eau safranée, couvrez et laissez cuire 10 minutes à feu doux. Salez et poivrez.

4 Préchauffez le four à 180 °C. Mélangez le yaourt avec les jaunes d'œufs. Faites fondre le beurre sur feu doux dans une petite casserole. Badigeonnez un plat à gratin avec la moitié du beurre fondu.

5 Mélangez la moitié du riz avec la moitié de la préparation au yaourt. Mettez ce mélange dans le plat. Répartissez les aubergines pardessus, puis recouvrez du reste du riz. Nappez du reste du mélange au yaourt et arrosez avec le beurre fondu restant. Enfournez le gratin 50 à 60 minutes à mi-hauteur, jusqu'à ce qu'il soit bien doré.

Préparation : 30 minutes (+ 1 heure de cuisson)
Servir avec une viande ou un poisson en sauce ou une salade
245 calories la part

C'est bon aussi :

Coupez 400 grammes d'agneau en cubes et faites-les revenir dans de l'huile. Mouillez avec 12,5 centilitres d'eau, salez et poivrez. Couvrez et laissez mijoter 1 heure. Rangez l'agneau dans le plat avec les aubergines, entre les deux couches de riz.

Pilaf de poulet aux légumes

Fruité et relevé

Pour 4 personnes
300 g de riz long
25 g de raisins de Corinthe
1 oignon
1 carotte
1 poireau
2 tomates
500 g de blancs de poulet
4 cuillerées à soupe de beurre
3 cuillerées à soupe de pignons de pin
1 l de bouillon de volaille
sel, poivre du moulin
1 cuillerée à café de cumin moulu
1/2 cuillerée à café de piment moulu
1 pincée de cannelle
1/2 bouquet de persil

1 Mettez le riz dans une passoire et rincez-le sous l'eau froide jusqu'à ce que l'eau soit propre. Égouttez-le. Mettez les raisins de Corinthe dans une jatte, arrosez-les d'eau bouillante et laissez-les gonfler un instant.

2 Pelez l'oignon et la carotte puis coupez-les en dés. Éliminez la base et les feuilles vert foncé du poireau. Fendez-le dans la longueur et lavez-le bien. Coupez-le en lanières. Ôtez le pédoncule des tomates. Arrosez celles-ci d'eau bouillante et attendez un instant. Pelez-les et coupez la pulpe en dés. Lavez le poulet sous l'eau froide et essuyez-le. Coupez-le en cubes de 1 centimètre de côté.

3 Faites fondre une bonne moitié du beurre dans une cocotte. Faites-y revenir les pignons de pin, l'oignon, la carotte et le poireau. Égouttez les raisins de Corinthe et ajoutez-les dans la cocotte, ainsi que le riz. Incorporez le bouillon et toutes les épices. Couvrez et faites cuire environ 10 minutes sur feu doux.

4 Pendant ce temps, faites fondre le reste du beurre. Faites-y revenir le poulet de tous côtés à feu moyen. Salez et poivrez. Ajoutez-le au riz, ainsi que les tomates, et laissez cuire 10 minutes. Lavez, essuyez et équeutez le persil. Hachez finement les feuilles. Rectifiez l'assaisonnement du pilaf, parsemez-le de persil et servez.

Préparation et cuisson : 1 heure
Servir avec du yaourt à la carotte et à l'aneth ou du yaourt au concombre (page 43)
605 calories la part

Riz au poulet et aux cerises

Vraiment très spécial…

Pour 4 personnes en plat unique

300 g de riz basmati

500 g de cerises (des griottes, de préférence)

2 oignons

5 cuillerées à soupe de beurre

2 cuillerées à soupe de sucre

4 cuisses de poulet avec haut de cuisse (environ 250 g chacune)

sel, poivre du moulin

1 cuillerée à soupe d'huile

1 dose de filaments de safran (0,2 g)

1 Dans une passoire, rincez le riz sous l'eau froide puis égouttez-le. Mettez-le dans une cocotte avec 75 centilitres d'eau froide. Portez à ébullition et faites précuire pendant environ 8 minutes. Versez le riz dans une passoire, rafraîchissez-le sous l'eau froide et égouttez.

2 Lavez et dénoyautez les cerises. Pelez les oignons et hachez-les très finement. Faites fondre 1 cuillerée à soupe de beurre pour y faire revenir l'oignon brièvement. Ajoutez les cerises et poudrez de sucre. Remuez jusqu'à ce qu'il commence à fondre. Mouillez avec 5 centilitres d'eau, couvrez et laissez frémir 10 minutes à feu doux.

3 Lavez les cuisses de poulet et essuyez-les. Coupez-les en deux au niveau de l'articulation. Frottez les morceaux de poulet de sel et de poivre. Chauffez l'huile et faites-y revenir le poulet de tous côtés.

4 Laissez tremper le safran dans 4 cuillerées à soupe d'eau tiède. Faites fondre la moitié du beurre restant et incorporez-y 2 cuillerées à soupe de l'eau safranée.

5 Mettez la moitié du riz dans une cocotte et arrosez de beurre safrané. Répartissez le poulet et la moitié des cerises par-dessus. Recouvrez avec le riz et les cerises restants. Arrosez du reste de l'eau safranée. Coupez le reste du beurre en dés et répartissez ceux-ci sur le dessus.

6 Enveloppez le couvercle d'un linge puis posez-le sur la cocotte. Faites étuver le riz environ 1 heure à feu doux. Plongez le fond de la cocotte dans l'eau froide pour détacher la croûte de riz. Servez.

Préparation : 35 minutes (+ 1 heure de cuisson)
Servir parsemé de menthe et de persil ciselés, avec un hors-d'œuvre au yaourt, comme des épinards au yaourt (page 42)
800 calories la part

Pilaf de boulgour

Pour changer du riz

Pour 4 personnes en plat principal végétarien ou 6 à 8 en accompagnement

250 g de boulgour

2 oignons

2 gousses d'ail

2 poivrons (1 vert et 1 rouge)

400 g de tomates

2 cuillerées à soupe d'huile d'olive

2 cuillerées à café de concentré de tomates

1 cuillerée à café de paprika doux

sel, poivre du moulin

1 Dans une passoire, rincez le boulgour sous l'eau froide puis égouttez-le bien.

2 Pelez les oignons et l'ail et coupez-les en dés. Lavez les poivrons et coupez-les en quatre dans la longueur. Éliminez les pédoncules et les graines. Coupez la pulpe en lanières. Ôtez le pédoncule des tomates. Arrosez-les d'eau bouillante puis pelez-les. Coupez-les en deux, pressez légèrement et éliminez les graines à l'aide d'un couteau. Coupez la pulpe en dés.

3 Chauffez l'huile dans une cocotte. Faites-y revenir les oignons, l'ail et les poivrons. Ajoutez le boulgour et remuez bien. Incorporez les tomates et 50 centilitres d'eau. Assaisonnez de concentré de tomates, de paprika, de sel et de poivre. Couvrez et laissez cuire 20 minutes à feu doux, jusqu'à ce que les grains soient cuits mais croquants. Remuez, rectifiez l'assaisonnement et transférez dans une jatte.

Préparation : 15 minutes (+ 20 minutes de cuisson)
Servir avec du yaourt au cumin ou à la harissa (page 95), ou des dés de concombre
140 calories la part

C'est bon aussi :

Vous pouvez remplacer les poivrons par des courgettes et des aubergines, et ajouter quelques dés de feta – mélangés avec du zeste de citron râpé et de la menthe hachée – dont vous parsèmerez le boulgour.

Soupe de riz au yaourt

Incroyable, mais vrai : elle est aussi bonne froide

Pour 4 personnes en entrée

100 g de riz long

2 oignons

2 cuillerées à soupe de beurre

1 cuillerée à soupe de farine

2 cuillerées à café de paprika rose

1 l de bouillon de bœuf ou de volaille

300 g de yaourt (de préférence au lait de brebis)

2 cuillerées à soupe de jus de citron

2 jaunes d'œufs

1/2 bouquet de menthe

sel, poivre du moulin

1 Dans une passoire, lavez le riz sous l'eau froide puis égouttez-le. Pelez les oignons et coupez-les en dés très fins.

2 Faites fondre le beurre dans une cocotte et ajoutez les dés d'oignon. Poudrez de farine et de paprika et laissez cuire un instant. Mouillez

avec le bouillon et remuez bien. Ajoutez le riz et couvrez. Laissez mijoter environ 15 minutes sur feu doux, jusqu'à ce que le riz soit cuit mais croquant.

3 Battez le yaourt avec le jus de citron et les jaunes d'œufs. Lavez, essuyez et équeutez la menthe. Hachez finement les feuilles.

4 Prélevez une louche de bouillon. Versez-le en filet sur le yaourt, tout en remuant. Ôtez la cocotte du feu et incorporez le mélange au yaourt et la menthe, en battant vigoureusement. Réchauffez doucement en remuant : les jaunes ne doivent pas cuire. Rectifiez l'assaisonnement en sel et en poivre et servez.

Préparation et cuisson : 35 minutes
Servir avec de la pita
270 calories la part

Variante

Soupe de yaourt aux boulettes de viande

Remplacez le riz par des lentilles roses et supprimez les jaunes d'œufs car les lentilles rendent la soupe suffisamment crémeuse. Malaxez 200 grammes de bœuf haché avec 1 oignon haché, du sel, du poivre et 1 cuillerée à café de cumin moulu. Formez des boulettes. Mettez les boulettes dans la soupe et faites-les cuire environ 10 minutes.

Soupe de boulgour à l'agneau

Si tout était aussi simple…

Pour 4 personnes

300 g d'agneau désossé
2 branches de céleri
2 oignons
4 gousses d'ail
2 bouquets de coriandre
2 cuillerées à soupe de beurre clarifié ou d'huile
1 cuillerée à café de paprika doux
1 cuillerée à café de paprika rose
sel, poivre du moulin
150 g de boulgour fin (en épicerie orientale)
1,25 l de bouillon de bœuf (ou simplement d'eau, mais bien assaisonnée)
1 citron

1 Dégraissez la viande. Coupez le reste en fines lanières. Lavez le céleri, éliminez les extrémités et les gros fils. Pelez les oignons et l'ail et hachez-les finement.

2 Lavez, essuyez et équeutez la coriandre. Réservez quelques feuilles pour la décoration et hachez finement le reste.

3 Chauffez le beurre clarifié ou l'huile dans une cocotte. Faites-y revenir la viande, le céleri, les oignons et l'ail environ 5 minutes, en remuant. Incorporez la coriandre hachée et le paprika. Salez, poivrez et faites revenir un instant. Incorporez le boulgour.

4 Mouillez avec le bouillon et réchauffez. Couvrez, réduisez le feu et laissez mijoter environ 1 heure, jusqu'à ce que la viande soit cuite.

5 Hachez finement le reste de la coriandre. Lavez le citron et coupez-le en quartiers. Goûtez la soupe et, le cas échéant, rectifiez l'assaisonnement. Parsemez-la de coriandre et servez avec les quartiers de citron.

Préparation : 30 minutes (+ 1 heure de cuisson)
Servir avec de la pita
335 calories la part

Manti

Des petits raviolis qui viennent de Turquie

Pour 4 personnes

Pour la pâte :

1 cuillerée à soupe de beurre

400 g de farine + un peu pour le plan de travail

sel

1 œuf

Pour la farce :

300 g d'agneau pas trop gras (par exemple du gigot désossé)

1 oignon

1 carotte

2 gousses d'ail

1/2 bouquet de persil

1/2 bouquet de menthe

1 piment séché

2 cuillerées à soupe de pignons de pin

sel, poivre du moulin

1 cuillerée à café de paprika doux

1 pincée de cannelle

Pour la sauce :

2 gousses d'ail

300 g de yaourt (de préférence au lait de brebis)

sel

2 cuillerées à soupe de beurre

2 cuillerées à café de paprika doux

1 Pour la pâte, faites fondre le beurre. Mélangez la farine et le sel dans une jatte. Ajoutez le beurre fondu, l'œuf et 15 centilitres d'eau tiède. Pétrissez le tout en une pâte homogène : elle ne doit ni coller aux doigts ni être sèche. Le cas échéant, ajoutez un peu de farine ou d'eau. Ramassez la pâte en boule et couvrez-la d'un linge légèrement humide. Laissez reposer 30 minutes.

2 Pour la farce, coupez la viande en cubes. Pelez l'oignon et la carotte et coupez-les en cubes. Hachez la viande, l'oignon et la carotte dans le robot ou à la moulinette.

3 Pelez l'ail et écrasez-le au presse-ail au-dessus du hachis à la viande. Lavez, essuyez et équeutez les herbes. Hachez finement les feuilles. Émiettez le piment et hachez finement les pignons de pin. Ajoutez les herbes, le piment et les pignons au hachis. Assaisonnez de sel, de poivre, de paprika et de cannelle. Malaxez le tout jusqu'à ce que la préparation soit homogène (comme une pâte).

4 Pétrissez à nouveau la pâte et abaissez-la finement sur le plan de travail fariné. Découpez l'abaisse en carrés de 4 centimètres de côté. Placez 1/2 cuillerée à café de farce au centre de chaque carré. Relevez les pointes au-dessus de la farce et pincez les bords ensemble pour former des raviolis pointus. Remplissez une cocotte d'une bonne quantité d'eau. Portez à ébullition et salez.

5 Pendant ce temps, pelez l'ail pour la sauce et écrasez-le au presse-ail au-dessus du yaourt. Mélangez bien et salez. Faites fondre le beurre dans une petite poêle et incorporez-y le paprika.

6 Plongez les *manti* dans l'eau en ébullition et faites-les cuire environ 4 minutes. Égouttez-les et répartissez-les sur des assiettes préchauffées. Nappez chaque assiette de sauce au yaourt et arrosez de beurre au paprika. Servez sans attendre pour que la sauce froide ne refroidisse pas les *manti*.

Préparation et cuisson : 1 heure 30
Servir avec de la pita
345 calories la part

Variante

Spaghetti à la viande hachée et sauce au yaourt

Faites revenir 1 oignon haché dans 2 cuillerées à soupe d'huile d'olive. Ajoutez 400 grammes d'agneau ou de bœuf haché et faites-les cuire. Pelez 2 gousses d'ail et écrasez-les au presse-ail au-dessus du ragoût. Assaisonnez de sel, de poivre et de paprika doux. Lavez, essuyez et équeutez 2 bouquets de persil. Hachez finement les feuilles. Faites cuire des spaghetti *al dente* et égouttez-les. Répartissez-les sur des assiettes préchauffées. Incorporez le persil au ragoût. Couvrez les spaghetti de ragoût, puis nappez de sauce au yaourt. Servez sans attendre pour que les spaghetti ne refroidissent pas.

Notre conseil

L'agneau s'achète déjà haché dans les épiceries turques. Mais vous pouvez aussi le remplacer par du bœuf haché et, dans ce cas, hacher vraiment très fin l'oignon et la carotte, de préférence à la moulinette.

Pâtes aux herbes et à la viande

Une sorte de potée

Pour 4 personnes

1/2 bouquet d'aneth et 1/2 de coriandre

1 bouquet de persil et 1 de ciboulette

1 poignée d'épinards

150 g de lentilles

200 g de babeurre

2 oignons

4 gousses d'ail

1 cuillerée à soupe d'huile

300 g de bœuf haché

1 cuillerée à café de curcuma moulu

2 cuillerées à café de concentré de tomates

sel, poivre du moulin

1 boîte de pois chiches (400 g)

250 g de pâtes courtes

1 bouquet de menthe

4 cuillerées à soupe de yaourt

1 Équeutez aneth, coriandre et persil. Lavez les feuilles avec la ciboulette et les épinards, et égouttez. Hachez le tout. Dans une passoire, rincez les lentilles sous l'eau froide.

2 Mettez les lentilles, la verdure lavée, le babeurre et 1 litre d'eau dans une cocotte. Faites chauffer. Réduisez le feu, couvrez et laissez cuire 40 à 60 minutes, pour que les lentilles soient tendres. Goûtez de temps en temps pour vérifier la cuisson.

3 À mi-cuisson, pelez les oignons et l'ail et hachez-les finement. Chauffez l'huile dans une cocotte et faites-y fondre l'oignon et l'ail environ 10 minutes à feu doux, en remuant.

4 Augmentez le feu, ajoutez la viande hachée et faites revenir 5 minutes en remuant. Incorporez le curcuma et le concentré de tomates, puis assaisonnez de sel et de poivre. Réservez au chaud.

5 Mettez les pois chiches dans une passoire, rincez-les à l'eau froide et égouttez-les. Ajoutez-les dans la cocotte, avec les pâtes. Salez, poivrez et faites cuire 10 minutes. Pendant ce temps, Lavez, essuyez et hachez les feuilles. Incorporez-les à la soupe et rectifiez l'assaisonnement. Servez les pâtes aux herbes dans des bols et couvrez de viande hachée et d'une cuillerée de yaourt.

Préparation et cuisson : 1 heure 30
Servir avec du pain
715 calories la part

Pâtes au poireau et à la feta

Pour un cuisinier pressé

Pour 4 personnes

200 g de tomates

1 piment vert

1/2 bouquet de persil

3 cuillerées à soupe d'huile d'olive

1/2 cuillerée à café de paprika doux

sel, poivre du moulin

2 ou 3 poireaux (selon la grosseur)

1 cuillerée à soupe de graines de cumin

400 g de macaroni ou de pâtes courtes creuses

150 g de fromage au lait de brebis (feta)

1 Lavez les tomates, ôtez leur pédoncule et coupez-les en dés ou hachez-les. Lavez le piment et coupez-le en deux. Éliminez le pédoncule et les graines. Hachez finement la pulpe. Lavez, essuyez et équeutez le persil. Hachez finement les feuilles.

2 Mélangez les tomates avec le piment, le persil et 1 cuillerée à soupe d'huile. Assaisonnez de paprika, de sel et de poivre.

3 Coupez la base des poireaux. Fendez-les dans leur longueur et lavez-les bien sous l'eau froide courante. Coupez-les en lanières de 1/2 centimètre de largeur.

4 Faites chauffer le reste de l'huile dans une poêle, de préférence antiadhésive et à induction, pour que la chaleur se répartisse bien. Faites-y fondre les poireaux et le cumin de 5 à 10 minutes à feu doux, en remuant sans cesse.

5 En même temps, portez à ébullition une bonne quantité d'eau dans une cocotte. Salez bien. Cassez les macaronis en morceaux et faites-les cuire *al dente* en suivant les instructions du fabricant.

6 Émiettez le fromage et ajoutez-le aux poireaux. Égouttez les pâtes, puis incorporez-les aux poireaux, ainsi que les tomates. Mélangez bien et servez dans des assiettes préchauffées.

Préparation et cuisson : 25 minutes
Servir avec une petite salade
530 calories la part

Gratin de pâtes
L'enfance de l'art

Pour 4 affamés
2 oignons
4 gousses d'ail
1 cuillerée à soupe d'huile d'olive
400 g d'agneau ou de bœuf haché
1/2 cuillerée à café bombée de piment moulu (ou de clous de girofle moulus)
sel, poivre du moulin
1 petite boîte de tomates (400 g)
50 g de raisins de Corinthe
400 g de *kritharáki* (petites pâtes grecques en forme de grains de riz)
1 bouquet de menthe
3 œufs
150 g de yaourt
1 cuillerée à soupe de jus de citron
200 g de fromage au lait de brebis (feta)

1 Pelez les oignons et l'ail, et hachez-les très finement. Chauffez l'huile dans une cocotte et faites-y revenir la viande en remuant. Ajoutez les oignons et l'ail et laissez revenir un instant. Assaisonnez de piment, de sel et de poivre.

2 Coupez les tomates en morceaux et ajoutez-les dans la cocotte avec leur jus. Incorporez les raisins de Corinthe et laissez mijoter environ 15 minutes sur feu doux, sans couvrir.

3 Pendant ce temps, portez à ébullition une bonne quantité d'eau dans une cocotte. Salez généreusement. Plongez les pâtes dans l'eau et faites-les cuire *al dente*, soit environ 8 minutes. Égouttez-les et rafraîchissez-les sous l'eau froide. Égouttez-les brièvement.

4 Lavez, essuyez et équeutez la menthe. Hachez finement les feuilles et incorporez-les à la viande. Préchauffez le four à 200 °C (chaleur tournante : 180 °C, sans préchauffage).

5 Rangez les pâtes et la viande hachée dans un plat à gratin en les alternant. Mélangez les œufs avec le yaourt et le jus de citron et nappez le plat de ce mélange. Parsemez de fromage émietté. Enfournez le gratin environ 25 minutes à mi-hauteur, jusqu'à ce que le fromage soit doré.

Préparation : 35 minutes (+ 25 minutes de cuisson)
Servir avec une salade, comme la salade du berger turc (page 49), mais sans le fromage
865 calories la part

Viandes &

Faisons rougir les braises !

volailles

Une fête s'annonce. Un anniversaire, un nouvel amour, le retour du fils prodigue d'un lointain voyage. Il n'a sûrement pas dû avaler un seul bon morceau de viande, là-bas. Alors tuons le mouton, faisons rougir les braises et préparons la broche…

Pas de fête sans viande, en Orient. Chez nous, puisqu'il n'est pas question d'abattre l'animal, rendons-nous chez notre boucher favori pour acheter un poulet que nous n'aurons pas besoin de plumer. Farcissons-le de citron et mettons-le au four. C'est déjà ça.

Pour être vraiment oriental, faisons cuire la volaille dans un tajine. Le poulet peut être remplacé par un canard, ou de l'agneau. La viande est hachée ou coupée en morceaux pour être enfilée sur les brochettes. Bien sûr, si on laisse l'animal entier, oublions les brochettes.

Boisson d'Orient

Lait d'amande

Tout le monde connaît-il le blanc-manger ? C'est l'un des desserts les plus à la mode jusqu'au XIXe siècle en Europe, où il était placé tout en haut de la carte des douceurs. L'histoire de cette crème renversée aux amandes moulues remonte au Moyen Âge et même au-delà. Son origine se trouve en Orient où, aux temps bibliques, on adoucissait déjà son repas d'une boisson aux amandes et au sucre. Aujourd'hui encore, les Orientaux servent volontiers à leurs invités ce lait d'amande aromatisé à la cannelle.

Pour 4 verres, ébouillantez 400 grammes d'amandes pendant 10 minutes environ. Égouttez, essuyez et émondez-les avant de les moudre finement (les amandes en poudre du commerce peuvent faire l'affaire, mais elles ne sont pas aussi bonnes et coûtent fort cher). Mélangez soigneusement avec 200 grammes de sucre et 1 litre d'eau, couvrez et laissez reposer pendant une nuit dans le réfrigérateur. Versez le mélange dans une passoire et exprimez-en tout le liquide. Portez 1 litre de lait à ébullition avec 100 grammes de sucre et un bâton de cannelle et laissez refroidir. Enfin, mélangez le lait froid (sans la peau !) avec le jus des amandes et 2 cuillerées à soupe d'eau de fleur d'oranger. Servez et saupoudrez d'un peu de cannelle moulue.

Le mariage...

...à la persane

Les fêtes orientales sont légendaires en ce qui concerne la durée, la nourriture et le plaisir de s'amuser. La plus grande fête personnelle est le mariage. Selon la foi islamique, chacun devrait le célébrer pour fonder sa propre famille. Chaque culture a des coutumes qui lui sont propres. Nous prendrons comme exemple le mariage persan, car il y est question de nourriture dès le début.

Au début, lorsque la mariée attend son fiancé, on étend devant elle le *sofreh ard*, une étoffe carrée, tissée à la main, sur laquelle on dresse de la nourriture et des objets chargés de signification symbolique, entre autres, un pain de sucre (on y reviendra) ; un plat de pain, de fromage blanc et de fines herbes qui sera distribué aux convives ; un panier d'œufs comme symbole de fertilité ; un petit pot de miel pour un avenir doux ; deux pains au sucre qui seront frottés l'un contre l'autre au-dessus des têtes des mariés pour faire pleuvoir sur eux la douceur et le bonheur ; une aiguille avec sept fils de couleurs différentes pour pouvoir, le cas échéant, coudre la bouche de la belle-mère ; un coran ouvert.

Après le « oui », les jeunes mariés prennent un morceau du pain de sucre dans la bouche pendant que les invités leur lancent d'autres morceaux de sucre, de l'or et de l'argent. La table richement dressée est alors ouverte. On y trouve des plats de riz accommodé de différentes manières. Il ne manque ni le *shirin polo*, plat de riz sucré préparé pour les fêtes, ni le gâteau de mariage à la chantilly, au massepain et aux noix, ni la viande sur sa broche. Il s'agit le plus souvent d'un agneau ou d'un veau entier. Puis on danse, on s'amuse, on mange, on mange, on mange. Alors, ça vous tente ?

◊ Un conseil du djinn ◊

De la nourriture

Affable djinn !
J'ai enfin rencontré ton ami dans la rue et je lui ai annoncé ma visite. Il m'a répondu : « Ma maison est ta maison ! » À quoi dois-je m'attendre ?

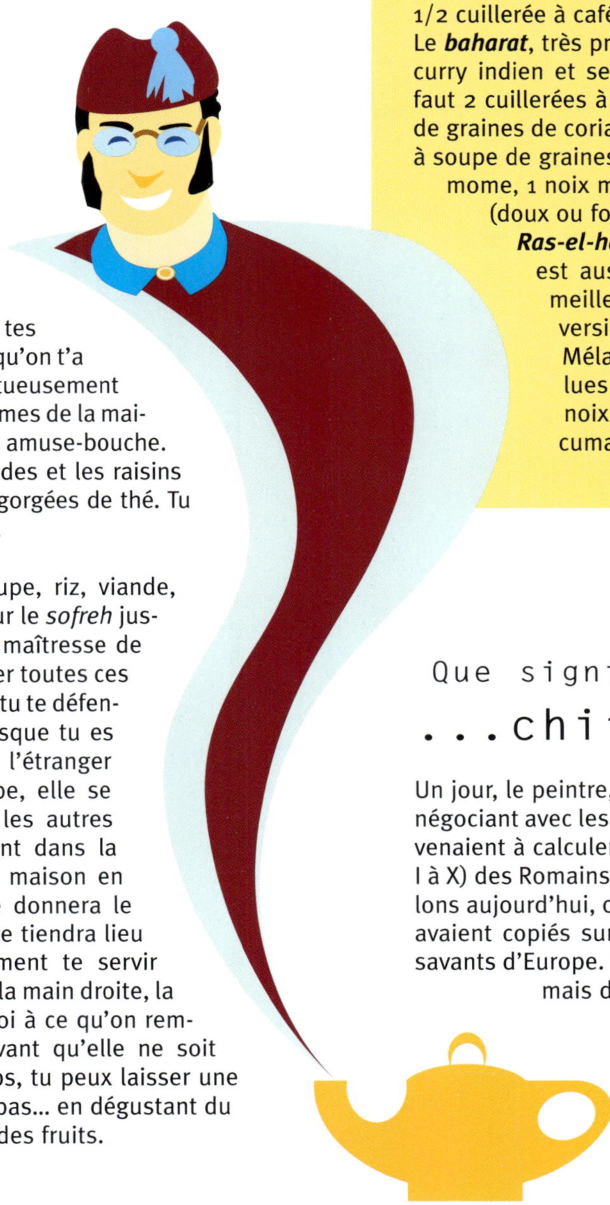

Je t'ai déjà dit quoi faire en arrivant et comment saluer tes hôtes. Je te parlerai plus tard du meilleur moment pour le faire.
Pour l'heure, parlons du repas chez mon ami. Tu as ôté tes chaussures et tu as pris la place qu'on t'a désignée sur la couverture somptueusement brodée – appelée *sofreh*. Les femmes de la maison te servent le thé et les amuse-bouche. Savoure les pistaches, les amandes et les raisins en toute tranquillité entre deux gorgées de thé. Tu es maintenant prêt pour la suite.

Les plats – mezze, salade, soupe, riz, viande, poisson, pain – sont disposés sur le *sofreh* jusqu'à le couvrir entièrement. La maîtresse de maison n'aura de cesse d'empiler toutes ces merveilles sur ton assiette. Plus tu te défendras, plus elle en ajoutera. Puisque tu es un invité de marque venu de l'étranger et un ami du djinn de la lampe, elle se joindra peut-être à vous avec les autres femmes (sinon, elles mangeront dans la pièce adjacente). Le maître de maison en personne rompra le pain et te donnera le premier morceau. Prends-le, il te tiendra lieu de fourchette. Tu peux également te servir d'une cuillère, mais toujours de la main droite, la gauche étant impure. Attends-toi à ce qu'on remplisse toujours ton assiette avant qu'elle ne soit vide. Au bout d'un certain temps, tu peux laisser une bonne part et te remettre du repas… en dégustant du thé, du café, des pâtisseries et des fruits.

Basiques orientaux faits maison

Zaatar, Baharat et ras-el-hanout

Ce sont les noms de trois mélanges d'épices appréciés en Orient, d'autant plus savoureux si les épices sont fraîchement grillées et pilées.

Le ***zaatar*** d'Afrique du Nord est fait à base de sésame et de thym (*zaatar farsi*). On le saupoudre sur la nourriture ou sur du pain trempé dans l'huile au petit déjeuner. Il faut 1 cuillerée à soupe de thym, 2 cuillerées à soupe de graines de sésame, 1 cuillerée à soupe de sumac, 1/2 cuillerée à café de sel.
Le ***baharat***, très prisé dans l'est de l'Orient, n'est pas sans rappeler le curry indien et sert, lui aussi, dans de nombreuses préparations. Il faut 2 cuillerées à soupe de grains de poivre noir, 1 cuillerée à soupe de graines de coriandre, 1 bâton de cannelle (environ 6 cm), 1 cuillerée à soupe de graines de cumin, 10 clous de girofle, 10 graines de cardamome, 1 noix muscade, 2 cuillerées à soupe de paprika en poudre (doux ou fort).
Ras-el-hanout signifie « tête du magasin », et ce mélange est aussi complexe (plus de vingt ingrédients parmi les meilleurs) que le rituel du marchandage dans un souk. La version simple comprend au moins dix ingrédients. Mélangez 1 cuillerée à café de chacune des épices moulues suivantes : clous de girofle, gingembre, cardamome, noix muscade et fleur, poivre noir, cannelle, piment, curcuma, paprika (doux ou fort).

Que signifie…

…chiffre ?

Un jour, le peintre, savant et marchand Léonard de Vinci découvrit, en négociant avec les Arabes, de curieux symboles grâce auxquels ils parvenaient à calculer beaucoup plus vite qu'avec les chiffres bâtons (de I à X) des Romains. Depuis, les chiffres arabes, tels que nous les appelons aujourd'hui, ont été adoptés dans le monde entier. Les Arabes les avaient copiés sur les Indiens et Léonard les introduisit auprès des savants d'Europe. La découverte décisive fut le zéro permettant désormais de différencier facilement le 1 du 10 ou du 100. *Asifr*, le vide, donna au zéro son nom arabe *sifr* dont plus tard dériva « chiffre ». En Europe, les gens simples firent du zéro le symbole de ce système étranger et baptisèrent tous les chiffres « chiffre ».

Tajine de poulet aux olives et au citron confit au sel

Aussi délicieux qu'inhabituel

Pour 4 personnes

1 poulet (environ 1,3 kg)

2 cuillerées à soupe de jus de citron

sel

3 oignons

1 citron confit au sel (page 131)

1/2 dose de filaments de safran (0,1 g)

2 cuillerées à café de curcuma moulu

4 cuillerées à soupe d'huile d'olive

ou 2 cuillerées à soupe de *smen*

2 cuillerées à café de gingembre moulu

poivre du moulin

200 g d'olives vertes

quelques feuilles de coriandre pour décorer

1 Lavez l'intérieur et l'extérieur du poulet à l'eau froide. Découpez-le en 8 morceaux : les ailes, les hauts de cuisse, les pilons et les blancs.

2 Mélangez le jus de citron avec 2 cuillerées à café de sel. Frottez les morceaux de poulet de ce mélange. Laissez mariner le poulet au moins 2 heures au réfrigérateur (plus si possible).

3 Pelez les oignons. Coupez-les en deux, puis en lanières d'environ 1 centimètre de largeur. Rincez le citron confit sous l'eau froide. Coupez-le en deux, puis en rondelles. Émiettez légèrement le safran, puis faites-le tremper dans 20 centilitres d'eau tiède. Laissez infuser jusqu'à ce que l'eau soit jaune.

4 Rincez à nouveau le poulet sous l'eau froide et essuyez-le. Frottez-le du curcuma.

5 Chauffez l'huile d'olive ou le *smen* dans une cocotte allant au four ou un tajine. Faites-y revenir les morceaux de poulet. Ajoutez les oignons et le citron confit : répartissez bien les rondelles de citron car, en trop grande quantité, leur goût peut s'imposer. Mouillez avec l'eau safranée et assaisonnez le tout de gingembre et de poivre. Couvrez et laissez mijoter environ 45 minutes sur feu doux. De temps à autre, jetez un coup d'œil dans la cocotte : s'il manque du liquide, allongez d'eau. Incorporez les olives et faites cuire 5 à 10 minutes de plus.

6 Pendant ce temps, allumez le gril du four. Ramenez tous les morceaux de poulet sur le dessus. Placez le tajine à 10 centimètres du gril et faites dorer le poulet. Sortez du four, parsemez de coriandre et servez.

Préparation : 20 minutes (– 2 heures de marinade et environ 1 heure de cuisson)
Servir avec de la pita
535 calories la part

C'est bon aussi :

On peut ajouter des légumes, en particulier des petits artichauts (pour les préparer, voir page 89). Mais cela n'exclut pas des lanières de poivron et des carottes ou des courgettes en rondelles épaisses (ajoutées à mi-cuisson).

Poulet rôti à l'orientale

Il fallait y penser !

Pour 4 personnes (après un hors-d'œuvre et avant autre chose) ou 2 à 3 personnes en plat unique

1 poulet (environ 1,4 kg)
1 citron non traité
4 gousses d'ail
1/2 bouquet de coriandre
1 cuillerée à café de paprika doux
1 cuillerée à café de poivre du moulin
1 cuillerée à café de curcuma moulu
1 cuillerée à café de cumin moulu
1/2 cuillerée à café de cannelle
1/2 cuillerée à café de gingembre moulu
4 cuillerées à soupe d'huile d'olive
sel

1 Lavez l'intérieur et l'extérieur du poulet et essuyez-le. Brossez le citron sous l'eau chaude et piquez-le partout à la fourchette pour que le jus s'écoule pendant la cuisson. Pelez les gousses d'ail et coupez-les en deux. Lavez et essuyez la coriandre.

2 Préchauffez le four à 225 °C (chaleur tournante : 200 °C). Mélangez les épices avec l'huile d'olive. Frottez de sel l'intérieur et l'extérieur du poulet. Mettez le citron, l'ail et la coriandre à l'intérieur. Badigeonnez le poulet d'un peu d'huile aux épices.

3 Disposez le poulet sur le flanc, dans un plat à four pas trop grand (voir plus loin). Faites-le cuire environ 20 minutes à mi-hauteur du four puis retournez-le sur l'autre flanc, badigeonnez-le à nouveau d'huile épicée et faites-le cuire 20 minutes de plus. Arrosez-le régulièrement avec les sucs de cuisson pour qu'il soit à la fois tendre et doré. Dans un plat trop grand, les sucs s'évaporeraient et on ne pourrait les utiliser pour arroser le poulet.

4 Après ces 40 minutes de cuisson sur le flanc, remettez le poulet sur le dos (cuisses vers le haut) et faites-le cuire 25 minutes supplémentaires. Vérifiez la cuisson : piquez la partie la plus épaisse d'une cuisse à l'aide d'une pique à cocktail. Si le suc qui s'écoule est rosé, faites le cuire encore quelques minutes.

Préparation : 15 minutes (+ un peu plus de 1 heure de cuisson)
Servir avec de la pita et une salade, comme la salade d'oranges aux dattes (page 46) ou la salade verte à la pistache (page 47), plus de la pâte de poivrons pimentée (page 40) ou un *babaganoush* (page 38)
440 calories la part

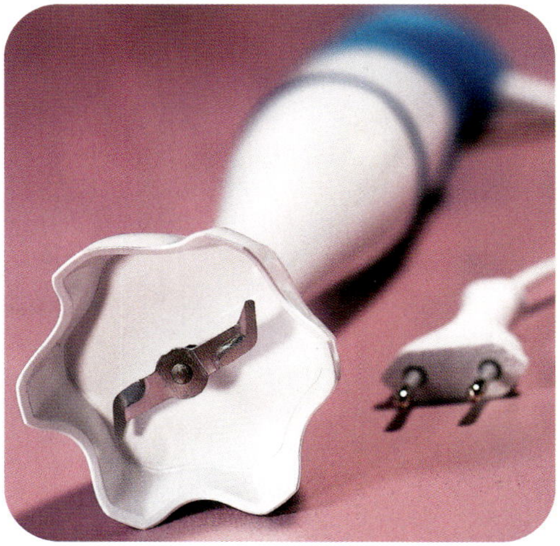

Poulet à la circassienne

Un plat froid du Caucase

Pour 4 personnes en plat principal
ou 8 à 10 en entrée

1 poulet (environ 1,3 kg)
1 oignon
1 botte de légumes à pot-au-feu
1 cuillerée à café de poivre en grains
2 feuilles de laurier
sel, poivre du moulin
4 tranches de pain de mie
150 g de cerneaux de noix
1 cuillerée à café de paprika rose
1 cuillerée à café de paprika doux
1/2 bouquet de persil
2 cuillerées à soupe de beurre
1 ou 2 cuillerées à café de piment en poudre

1 Lavez le poulet à l'eau froide, dedans et dehors. Placez-le dans une cocotte. Lavez l'oignon et coupez-le en deux sans le peler. Pelez les légumes à pot-au-feu et coupez-les en tronçons. Ajoutez-les au poulet avec l'oignon, les grains de poivre et les feuilles de laurier.

2 Couvrez d'eau, portez à ébullition et salez. Réduisez le feu, couvrez en intercalant une cuillère en bois entre la cocotte et le couvercle. Laissez mijoter 1 heure. Sortez le poulet et laissez-le refroidir. Tamisez le bouillon et réservez-le.

3 Ôtez la croûte du pain et arrosez la mie de 25 centilitres de bouillon dans une petite jatte. Laissez tremper. Réservez quelques noix pour la décoration et mixez le reste. Mixez le pain et mélangez-le avec les noix râpées pour obtenir une pâte.

4 Dépouillez et désossez le poulet. Coupez la viande en fines lanières. Mélangez-les à la pâte aux noix et assaisonnez le tout de paprika, de sel et de poivre. Si le mélange est trop épais, allongez d'un peu de bouillon.

5 Dressez le poulet sur un plat. Lavez, essuyez et équeutez le persil. Répartissez les feuilles et le reste des noix sur la viande. Faites fondre le beurre et incorporez-y le piment. Arrosez la viande du beurre au piment et servez.

Préparation : 40 minutes (+ 1 heure de cuisson et de refroidissement)
Servir avec de la pita et quelques rondelles de concombre et de tomate
695 calories la part

Poulet et tomates au miel

Sucré-salé

Pour 4 personnes

4 grosses cuisses de poulet entières (250 g chacune)
sel, poivre du moulin
2 cuillerées à soupe de jus de citron
800 g de tomates
1 gros oignon
1 dose de filaments de safran (0,2 g)
2 cuillerées à soupe d'huile
1 cuillerée à café de gingembre moulu
2 cuillerées à café de cannelle
100 g d'amandes mondées
2 cuillerées à soupe de graines de sésame
2 cuillerées à soupe de miel liquide

1 Lavez les cuisses de poulet sous l'eau froide et essuyez-les. Mélangez du sel et du poivre avec le jus de citron et frottez-les de ce mélange.

2 Ôtez le pédoncule des tomates. Arrosez celles-ci d'eau bouillante, attendez un instant puis pelez-les. Coupez-les en huit et éliminez-

en les graines. Pelez l'oignon et hachez-le très fin. Laissez tremper les filaments de safran dans 10 centilitres d'eau tiède.

3 Posez une cocotte ou un tajine sur le feu. Faites-y chauffer 1 cuillerée à soupe d'huile pour dorer les morceaux de poulet de tous côtés. Ajoutez l'oignon, les tomates, du sel, du poivre, le gingembre et la cannelle. Mouillez avec l'eau safranée et couvrez. Laissez cuire environ 1 heure à feu doux, jusqu'à ce que la viande soit tendre.

4 Coupez les amandes en deux. Faites-les dorer à feu moyen avec le sésame dans le reste de l'huile. Transférez-les sur une assiette. Lorsque la viande est cuite, sortez-la et réservez-la au chaud. Réchauffez le miel dans la cocotte. Salez et poivrez. Dressez le poulet sur un plat avec sa garniture ou remettez-le dans la cocotte, parsemez du mélange aux amandes et servez.

Préparation : 20 minutes (+ 1 heure de cuisson)
Servir avec de la pita, du couscous (pages 96-97) ou du riz à l'oignon et à la pistache (page 101) et, éventuellement, du yaourt
590 calories la part

Blancs de poulet farcis aux dattes

Un bon goût fruité

Pour 4 personnes

- 50 g d'abricots secs
- jus de 3 oranges
- 150 g de dattes fraîches charnues
- 1 oignon
- 2 gousses d'ail
- 1 cuillerée à café de *ras-el-hanout* (page 113)
- sel, poivre du moulin
- 4 blancs de poulet (180 g chacun)
- 3 cuillerées à soupe d'huile d'olive
- 1 botte de ciboules
- 1 piment rouge
- 1/2 bouquet de coriandre ou de persil

1 Coupez les abricots en dés très fins et mélangez-les au jus d'orange dans une jatte. Laissez mariner 1 heure.

2 Dénoyautez les dattes. Coupez-les grossièrement. Pelez l'oignon et l'ail, hachez-les. Mixez en purée les dattes, l'oignon et l'ail. Assaisonnez de *ras-el-hanout*, sel et poivre.

3 Lavez les blancs de poulet sous l'eau froide et essuyez-les. Ouvrez chaque blanc dans sa hauteur pour former une cavité. Remplissez-la de farce aux dattes. Refermez les blancs à l'aide d'une pique à cocktail. Salez et poivrez l'extérieur.

4 Chauffez l'huile d'olive dans une poêle. Faites-y revenir les blancs de poulet 5 minutes de chaque côté, à feu moyen.

5 Coupez les racines des ciboules. Lavez le reste et coupez-le en fins anneaux, parties vertes comprises. Lavez le piment et ôtez son pédoncule. Coupez la pulpe en anneaux. Lavez, essuyez et équeutez la coriandre ou le persil. Hachez finement les feuilles.

6 Réservez les blancs de poulet au chaud. Faites revenir les ciboules et le piment 2 à 3 minutes dans les sucs de cuisson du poulet. Incorporez les abricots au jus d'orange et portez à ébullition. Salez la sauce. Dressez les blancs sur un plat, nappez-les de la sauce et parsemez-les des herbes hachées.

Préparation : 35 minutes (+ 1 heure de marinade)
Servir avec de la pita, du couscous (pages 96-97) ou du riz à l'oignon et à la pistache (page 101)
410 calories la part

Canard en sauce grenade et noix

Pas forcément pour Noël

Pour 4 personnes

1 canard (environ 2 kg)

sel, poivre du moulin

2 oignons

250 g de cerneaux de noix

2 cuillerées à soupe d'huile d'olive

1/2 cuillerée à café de curcuma moulu

1/2 cuillerée à café de cannelle

1 pincée de muscade fraîchement râpée

1 pincée de coriandre

8 cuillerées à soupe de grenadine

1 Lavez l'intérieur et l'extérieur du canard sous l'eau froide puis essuyez-le. Pour le découper, prenez un gros couteau bien aiguisé et des ciseaux de cuisine. Coupez les ailes et les cuisses au niveau de l'articulation. Séparez les cuisses des pilons. Levez les magrets et coupez-les en quatre. Frottez chaque morceau de sel et de poivre.

2 Pelez les oignons et hachez-les finement. Hachez les cerneaux de noix. Chauffez 1 cuillerée à soupe d'huile d'olive dans une poêle et faites-y revenir les noix 2 à 3 minutes à feu moyen, en remuant sans cesse. Versez-les sur une assiette.

3 Chauffez le reste de l'huile dans une cocotte et faites-y revenir les morceaux de canard de tous côtés. Sortez-les de la cocotte et jetez l'huile. Faites revenir les oignons dans la cocotte. Mouillez avec 4 centilitres d'eau. Ajoutez le curcuma, la cannelle, la muscade et la coriandre. Remettez les morceaux de canard. Couvrez et laissez mijoter 25 minutes à feu doux.

4 Incorporez les noix et faites mijoter 25 minutes de plus. Ôtez la couche de graisse à l'aide d'une écumoire ou d'une cuillère (tenez celle-ci à l'horizontale pour ne pas prélever trop de sauce avec la graisse).

5 Incorporez la grenadine, salez et poivrez. Faites cuire 30 minutes de plus, jusqu'à ce que le canard soit bien tendre. Avant de servir, dégraissez à nouveau.

Préparation : 40 minutes (+ environ 1 heure 15 de cuisson)
Servir avec du riz persan avec croûte de pommes de terre (page 100)
1 225 calories la part

Foies de volaille pimentés

Rapide

Pour 4 personnes

700 g de foies de volaille

1 bouquet de persil et 1 de menthe

1 citron non traité

2 gousses d'ail

2 cuillerées à café de cumin moulu

1 cuillerée à café de paprika doux

1/2 cuillerée à café de piment moulu

1 piment vert

3 tomates

4 cuillerées à soupe d'huile

sel, poivre du moulin

1 pincée de cannelle

1 Lavez et essuyez les foies de volaille. Lavez, essuyez et hachez les feuilles des herbes. Lavez le citron à l'eau chaude. Prélevez le zeste et coupez-le en lanières. Pressez le citron. Pelez l'ail et hachez-le finement.

2 Mélangez les herbes avec l'ail, le jus de citron, le cumin, le paprika et le piment. Incorporez les foies et laissez mariner un instant.

3 Lavez le piment et ôtez son pédoncule. Coupez la pulpe en fins anneaux. Ôtez le pédoncule des tomates. Arrosez-les d'eau bouillante, pelez-les et coupez la pulpe en dés.

4 Chauffez l'huile dans une poêle. Mettez-y la moitié des foies et faites-les revenir 2 à 3 minutes en remuant souvent. Ôtez-les et faites revenir l'autre moitié. Réservez.

5 Lorsque les foies sont cuits, faites revenir brièvement le piment dans la poêle. Ajoutez les tomates et faites cuire le tout 5 minutes à feu moyen. Assaisonnez de sel, de poivre et de la cannelle. Remettez les foies dans la poêle et réchauffez-les. Parsemez du zeste de citron.

Préparation et cuisson : 30 minutes
Servir avec de la pita ou du riz
340 calories la part

Variante

Foies de volaille à la turque

Pelez 200 grammes d'oignons rouges et coupez-les en anneaux. Mélangez-les avec 1 bouquet de persil haché, du sel et 1 cuillerée à café de sumac. Roulez 700 grammes de foies de volaille dans de la farine et faites-les revenir 3 à 4 minutes dans de l'huile très chaude. Salez, poivrez. Ajoutez le paprika doux. Répartissez les foies sur le mélange à l'oignon.

Ragoût de bœuf

Riche en condiments

Pour 4 personnes

700 g de bœuf dans la tranche

2 oignons, 2 gousses d'ail

200 g de tomates

1 cuillerée à soupe de concentré de tomates

2 cuillerées à café de paprika doux

1 cuillerée à café de harissa (page 95)

2 cuillerées à soupe de cumin moulu

1 cuillerée à café de cannelle

1 cuillerée à soupe d'huile d'olive

2 cuillerées à soupe de beurre clarifié

sel, poivre du moulin

300 g d'okras

1 citron vert non traité

1 bouquet de coriandre

1 Coupez la viande en cubes de 3 à 4 centimètres de côté. Pelez les oignons et l'ail et hachez-les très fin. Ôtez le pédoncule des tomates. Arrosez celles-ci d'eau bouillante et pelez-les. Coupez-les en deux, éliminez les graines et coupez la pulpe en dés.

2 Mélangez les oignons, l'ail, les tomates, le concentré de tomates, le paprika, la harissa, le cumin et la cannelle.

3 Chauffez l'huile et le beurre clarifié dans une cocotte. Faites-y revenir la viande en deux fois. Ajoutez-y le mélange à la tomate et faites cuire le tout environ 10 minutes. Mouillez avec 40 centilitres d'eau, salez, poivrez et couvrez. Laissez mijoter 1 heure 15 à feu doux. Si nécessaire, ajoutez un peu d'eau en cours de cuisson.

4 Pendant ce temps, lavez les okras. Taillez les pédoncules en pointe. Attention à ne pas percer la peau car le liquide de l'intérieur s'échapperait. Portez de l'eau salée à ébullition et faites-les blanchir 2 minutes. Rafraîchissez-les sous l'eau froide. Lavez le citron vert à l'eau chaude et coupez-le en quatre.

5 Ajoutez les okras et le citron à la viande et laissez cuire 20 minutes. Lavez, essuyez et équeutez la coriandre. Hachez finement les feuilles. Salez, poivrez, parsemez de la coriandre et servez.

Préparation : 35 minutes (+ 1 heure 15 de cuisson)
Servir avec de la pita ou du couscous (pages 96-97)
360 calories la part

C'est bon aussi :

Incorporez les okras sans les précuire, ils rendront un liquide qui donnera du velouté au ragoût.

Rôti d'agneau

Cela va de soi…

Pour 4 à 6 personnes

1 citron confit au sel (page 131)

ou 1 citron normal

1 oignon

2 gousses d'ail

1 bouquet de persil

1 bouquet de coriandre

5 cuillerées à soupe d'huile d'olive

ou 2 cuillerées à soupe de *smen*

1 cuillerée à café de thym séché

2 cuillerées à café de cumin moulu

2 cuillerées à café de paprika doux

1/2 cuillerée à café de harissa (page 95)

1 kg de rôti d'agneau dans le gigot ou

l'épaule (préparé par le boucher)

sel, poivre du moulin

1 dose de filaments de safran (0,2 g)

1 Pelez le citron à vif. Coupez la pulpe en dés, en éliminant les pépins.

2 Pelez l'oignon et l'ail. Râpez finement l'oignon et écrasez l'ail au presse-ail. Lavez,

essuyez et équeutez le persil et la coriandre. Hachez finement les feuilles.

3 Préchauffez le four à 250 °C (chaleur tournante : 220 °C). Mélangez l'huile d'olive ou le *smen* avec la pulpe de citron, l'oignon, l'ail, les herbes fraîches, le thym, le cumin, le paprika et la harissa.

4 Dans une coupelle, mélangez 2 cuillerées à café de sel avec 1 cuillerée à café de poivre. Frottez l'agneau de tous côtés avec ce mélange et badigeonnez-le d'huile aromatisée. Mettez le rôti dans la lèchefrite.

5 Enfournez le rôti et faites-le cuire 10 minutes à mi-hauteur. Réduisez la température à 180 °C (chaleur tournante : 160 °C) puis laissez cuire environ 1 heure 30. À mi-cuisson, faites tremper le safran dans 15 centilitres d'eau tiède et laissez infuser un instant. Arrosez le rôti de l'eau safranée.

6 Avant de servir, laissez reposer le rôti environ 10 minutes, puis découpez-le en tranches et servez.

Préparation : 30 minutes (+ 1 heure 40 de cuisson)
Servir avec de la pita et des courgettes à la *charmoula* (page 78)
470 calories la part

Ragoût d'agneau à la rhubarbe

Profitez de la bonne saison !

Pour 4 personnes

700 g d'agneau désossé dans l'épaule

2 oignons

4 cuillerées à soupe d'huile

sel, poivre du moulin

1 bouquet de persil

1 bouquet de menthe

400 g de rhubarbe

1/2 cuillerée à café de muscade fraîchement râpée

1/2 cuillerée à café de cardamome moulue

1/2 cuillerée à café de coriandre moulue

1 cuillerée à soupe de sucre

feuilles de menthe pour décorer

1 Dégraissez et dénervez la viande. Coupez-la en cubes de 2 centimètres de côté. Pelez les oignons et coupez-les en fins anneaux.

2 Chauffez 2 cuillerées à soupe d'huile dans une cocotte et faites-y revenir les oignons et la viande 10 minutes, en remuant. Mouillez

avec 25 centilitres d'eau, salez et poivrez. Réduisez le feu et couvrez. Laissez mijoter 1 heure.

3 Lavez, essuyez et équeutez les herbes. Hachez finement les feuilles. Lavez la rhubarbe, éliminez les extrémités et les gros fils. Coupez-la en tronçons de 1 centimètre.

4 Faites chauffer le reste de l'huile dans une petite casserole. Incorporez les herbes et laissez infuser un instant. Ajoutez à la viande, ainsi que les épices et le sucre. Faites cuire 15 minutes de plus.

5 Incorporez la rhubarbe et laissez cuire 10 minutes de plus, jusqu'à ce qu'elle soit tendre. Goûtez et, le cas échéant, ajoutez du sel ou du poivre. Parsemez des feuilles de menthe et servez.

Préparation : 30 minutes (– environ 1 heure 30 de cuisson)
Servir avec du riz ou du couscous (pages 96-97)
320 calories la part

Variante

Ragoût d'agneau à la pêche

Au lieu de rhubarbe, pelez 4 pêches, dénoyautez-les et émincez-les en lamelles. Réchauffez-les dans le ragoût en fin de cuisson et ajoutez du safran.

Ragoût d'agneau au yaourt

Sans détour

Pour 4 personnes

800 g de gigot d'agneau désossé
sel, poivre du moulin
2 oignons
4 gousses d'ail
quelques filaments de safran
3 cuillerées à soupe de beurre clarifié
2 cuillerées à café de curcuma moulu
2 cuillerées à café de cumin moulu
1 cuillerée à café de paprika doux
1 cuillerée à café de gingembre moulu
1/2 cuillerée à café de clous de girofle moulus
1/2 cuillerée à café de cannelle
2 cuillerées à café de sucre
200 g de yaourt
1 cuillerée à café de fécule
4 cuillerées à soupe de pignons de pin
feuilles de coriandre pour décorer

1 Coupez la viande en cubes de 2 centimètres. Salez et poivrez. Pelez les oignons et l'ail et hachez-les finement. Faites tremper le safran dans 12,5 centilitres d'eau tiède.

2 Faites fondre 2 cuillerées à soupe de beurre clarifié dans une cocotte. Mettez-y l'oignon et l'ail à revenir, puis la viande brièvement. Mélangez le curcuma, le cumin, le paprika, le gingembre, les clous de girofle, la cannelle et le sucre. Poudrez la viande de ce mélange et remuez. Faites revenir un instant jusqu'à ce que l'odeur s'exhale.

3 Mouillez avec l'eau safranée. Battez le yaourt avec la fécule et incorporez à la sauce. Couvrez et laissez mijoter 1 heure à feu doux.

4 Peu avant la fin de la cuisson, faites fondre le reste du beurre clarifié et laissez-y dorer les pignons de pin. Remuez sans cesse pour qu'ils ne brûlent pas. S'ils prennent trop couleur, ôtez-les de la poêle et mettez-les dans une assiette. Rectifiez l'assaisonnement du ragoût d'agneau et parsemez de pignons de pin et de coriandre.

Préparation : 20 minutes (+ 1 heure de cuisson)
Servir avec de la pita ou du riz persan avec croûte de pommes de terre (page 100)
660 calories la part

Tajine d'agneau aux coings

Un grand classique marocain

Pour 4 personnes

Pour la viande :

1 kg d'épaule d'agneau avec os, coupée en morceaux de 10 cm par le boucher

2 cuillerées à café de *ras-el-hanout* (page 113)

2 cuillerées à café de curcuma moulu

1 cuillerée à café de cannelle

1 cuillerée à café de gingembre moulu

3 cuillerées à café de sucre

sel

2 oignons

1/2 dose de filaments de safran (0,1 g)

4 cuillerées à soupe d'huile d'olive ou 1 cuillerée à soupe de *smen*

Pour les coings :

4 coings (600 à 700 g)

1/2 dose de filaments de safran (0,1 g)

2 cuillerées à soupe d'huile d'olive

1/2 cuillerée à café de *ras-el-hanout* (page 113)

1/2 cuillerée à café de cannelle

1/2 cuillerée à café de gingembre moulu

1 cuillerée à soupe de sucre

1 Mélangez toutes les épices avec le sucre et 2 cuillerées à café de sel. Frottez les morceaux de viande avec un linge humide pour éliminer tout éclat d'os, puis avec ce mélange.

2 Pelez et rapez les oignons. Faites tremper le safran dans 25 centilitres d'eau tiède et laissez infuser jusqu'à ce que l'eau jaunisse.

3 Mettez la viande, les oignons, l'huile ou le *smen* et l'eau safranée dans un tajine ou une cocotte. Faites chauffer. Couvrez et laissez mijoter 1 heure à feu doux, jusqu'à ce que la viande se détache pratiquement de l'os.

4 Après environ 20 minutes de cuisson, frottez les coings avec un linge pour éliminer leur duvet. Coupez-les en quatre et ôtez les noyaux à la pointe d'un couteau. Incisez en croix l'extérieur de chaque quart de coing. Émiettez le safran et faites-le tremper dans environ 15 centilitres d'eau tiède.

5 Chauffez l'huile d'olive dans une cocotte et faites-y revenir brièvement les coings. Assaisonnez de *ras-el-hanout*, de cannelle, de gingembre et de sucre. Ajoutez l'eau safranée, couvrez et faites cuire les coings 20 à 30 minutes sur feu doux, jusqu'à ce qu'ils soient tendres.

6 Rectifiez l'assaisonnement de l'agneau et dressez-le sur un plat ou des assiettes. Recouvrez des coings et servez sans attendre.

Variante

Tajine d'agneau aux pruneaux

Préparez et faites cuire l'agneau comme dans la recette précédente. Au lieu de coings, mettez 250 grammes de pruneaux dénoyautés, 1 cuillerée à soupe d'huile d'olive, du sel, 1 cuillerée à soupe de miel, 1/2 cuillerée à café de *ras-el-hanout* (page 133), 1/2 de cannelle, 1/2 de gingembre et 10 centilitres d'eau dans une cocotte. Faites chauffer. Couvrez et laissez mijoter 20 à 30 minutes à feu doux. Chauffez 2 cuillerées à soupe d'huile d'olive dans une poêle et faites-y dorer sur feu moyen 150 grammes d'amandes mondées. Dressez le tajine sur un plat et garnissez-le des pruneaux et des amandes.

Notre conseil

Si vous avez plus d'invités que prévu, doublez la proportion d'agneau et préparez à la fois les coings et les pruneaux. Avant de servir, répartissez la viande entre deux plats et garnissez l'un de coings et l'autre de pruneaux. Tout le monde se dira que vous vous êtes donné bien du mal pour préparer deux plats différents !

Chiches-kebabs

En brochette ou dans une pita

Pour 4 personnes

700 g de gigot d'agneau désossé

1 gros oignon

2 gousses d'ail

1/2 bouquet de persil

2 cuillerées à soupe de jus de citron

1 cuillerée à soupe de paprika doux

2 cuillerées à café de cumin moulu

sel, poivre du moulin

4 cuillerées à soupe d'huile d'olive

1 poivron vert

1 poivron rouge

4 tomates fermes

4 piments (facultatif)

1 Dégraissez et dénervez la viande. Coupez-la en cubes de 2 centimètres de côté. Pelez l'oignon et l'ail. Râpez l'oignon et écrasez l'ail au presse-ail. Lavez, essuyez et équeutez le persil. Hachez les feuilles très fin.

2 Mélangez les oignons, l'ail, le persil, le jus de citron, le paprika, le cumin, le sel, le poivre et l'huile. Incorporez la viande et laissez mariner au réfrigérateur au moins 4 heures, mais de préférence toute une nuit.

3 Lavez les poivrons, ôtez le pédoncule et coupez la pulpe en tronçons de 2 centimètres. Lavez les tomates, ôtez le pédoncule et coupez-les en quatre puis chaque quart en deux. Le cas échéant, lavez les piments, ôtez-en le pédoncule et coupez-le reste en morceaux de 2 centimètres, avec ou sans les graines (ils sont plus forts avec les graines). Enfilez la viande, le poivron, les tomates et les piments sur des brochettes, en les alternant.

4 Faites chauffer le four, le barbecue ou une poêle à griller. Mettez-y les brochettes à griller environ 15 minutes en les retournant de temps en temps.

Préparation et cuisson : 1 heure (+ 4 heures de marinade)
Servir avec de la pita à la poêle (page 61), des lanières de salade verte et des herbes fraîches ciselées. En sandwich, mettez la viande dans la pita avec les autres ingrédients
530 calories la part

Boulettes de bœuf au riz

La saveur au rendez-vous

Pour 4 personnes

Pour les boulettes :

1 oignon

2 gousses d'ail

1 bouquet d'aneth

100 g de riz long

600 g de bœuf haché

1 œuf

sel, poivre du moulin

paprika doux pour décorer

Pour la sauce :

1 oignon

40 cl de bouillon de viande

1 cuillerée à soupe de beurre

1 petit citron non traité

sel, poivre du moulin

2 jaunes d'œufs

1 Pour les boulettes, pelez l'oignon et l'ail et coupez-les en dés très fins. Lavez et essuyez l'aneth et hachez-le finement. Mettez le riz

dans une passoire, rincez-le sous l'eau froide et égouttez.

2 Malaxez ensemble la viande, le riz, l'aneth, l'oignon, l'ail, l'œuf, du sel et du poivre. Formez des boulettes de la taille d'une balle de ping-pong.

3 Pour la sauce, pelez l'oignon et coupez-le en dés fins. Mettez l'oignon, le bouillon et le beurre dans une cocotte. Portez à ébullition. Réduisez le feu et plongez-y les boulettes. Couvrez et laissez frémir 30 minutes à feu doux.

4 Pendant ce temps, lavez le citron à l'eau chaude et râpez son zeste. Exprimez le jus. Incorporez le zeste et le jus à la sauce. Prélevez une louche de sauce dans la cocotte et battez-la avec les jaunes d'œufs dans une jatte. Versez le mélange dans la cocotte et réchauffez brièvement : les jaunes ne doivent pas cuire. Salez et poivrez. Dressez les boulettes sur un plat avec leur sauce. Poudrez de paprika et servez.

Préparation et cuisson : 50 minutes
Servir avec de la pita ou du riz
480 calories la part

Kebabs mixtes

En alternance

Pour 4 personnes

Pour le poulet :

400 g de blancs de poulet
1/2 dose de filaments de safran (0,1 g)
2 cuillerées à soupe de jus de citron
4 cuillerées à soupe d'huile d'olive
sel, poivre du moulin

Pour les boulettes :

1/2 bouquet de coriandre
1/2 bouquet de persil
1 oignon
400 g d'agneau ou de bœuf haché
1 cuillerée à café de cumin moulu
1 cuillerée à café de paprika moulu
1/2 cuillerée à café de piment de Cayenne
sel, poivre du moulin
3 cuillerées à soupe d'huile

Pour la salade :

3 tomates, 1/2 concombre, 2 oignons rouges
1 bouquet de menthe
2 cuillerées à soupe de jus de citron
sel, poivre du moulin
4 cuillerées à soupe d'huile d'olive

1 Lavez le poulet, essuyez-le et coupez-le en cubes de 2 centimètres de côté. Faites tremper le safran dans 1 cuillerée à soupe d'eau tiède. Ajoutez le jus de citron, l'huile, du sel et du poivre. Incorporez la viande et réfrigérez 4 heures.

2 Pour les boulettes, lavez, essuyez et équeutez les herbes et hachez-les bien fin. Pelez l'oignon et hachez-le fin. Ajoutez à la viande les herbes, l'oignon, les épices et 2 cuillerées à soupe d'eau froide. Malaxez bien. Huilez légèrement vos mains et formez des boulettes de la valeur de 1 cuillerée à soupe de hachis. Aplatissez-les un peu. Enfilez les cubes de poulet et les boulettes sur les brochettes en les alternant. Badigeonnez les brochettes du reste de l'huile.

3 Pour la salade, lavez les tomates, pelez le concombre et coupez le tout en dés. Pelez les oignons et hachez-les très fin. Lavez, essuyez et équeutez la menthe. Hachez les feuilles. Mélangez le tout avec le jus de citron, du sel, du poivre et l'huile.

4 Faites chauffer le gril ou une poêle (de préférence antiadhésive et à convection). Faites griller les brochettes environ 12 minutes en les retournant une fois. Servez avec la salade.

Préparation et cuisson : 35 minutes (+ 4 heures de marinade)
Servir avec de la pita et des olives
595 calories la part

Kibbeh

Se préparent aussi en mezze

Pour 4 personnes en plat principal ou 8 en hors-d'œuvre

Pour la pâte :

200 g de boulgour fin (en épicerie orientale)
500 g d'agneau désossé
1 gros oignon
1 cuillerée à soupe de cumin moulu
2 cuillerées à café de piment de Cayenne
sel
75 cl d'huile de friture

Pour la farce :

1 oignon
2 cuillerées à soupe d'huile d'olive
200 g d'agneau finement haché
1 cuillerée à soupe de sumac
1 cuillerée à café de cannelle
sel
50 g de pignons de pin

1 Pour la pâte, mettez le boulgour dans une jatte et couvrez-le d'eau. Laissez gonfler environ 15 minutes. Dégraissez et dénervez la viande. Coupez-la en cubes. Pelez l'oignon et hachez-le grossièrement. Hachez la viande et l'oignon au hachoir électrique ou à la moulinette.

2 Égouttez bien le boulgour, puis malaxez-le avec la viande, le cumin, le piment de Cayenne et du sel. Réfrigérez environ 1 heure.

3 Pour la farce, pelez l'oignon et hachez-le très fin. Faites-le fondre dans l'huile. Ajoutez la viande hachée et faites revenir sur feu moyen en remuant. Incorporez le sumac, la cannelle, le sel et les pignons de pin.

4 Divisez le mélange au boulgour en 20 portions égales et aplatissez-les. Placez 2 cuillerées à café de farce sur chacune et refermez la pâte autour de la farce. Donnez aux croquettes une forme oblongue.

5 Faites chauffer l'huile de friture et faites-y dorer les croquettes environ 4 minutes. Ôtez-les à l'aide d'une écumoire et égouttez-les.

Préparation et cuisson : 1 heure 15 (+ 1 heure de repos)
Servir avec de la pita et du yaourt au concombre (sans raisins secs, page 43)
420 calories la part

Version rapide

Mélangez ensemble tous les ingrédients de la pâte et de la farce, formez des croquettes et faites-les frire.

Variante

Rouleaux de boulgour turcs

Pour la pâte, faites tremper le boulgour dans l'eau avec 1 cuillerée à café de coriandre moulue. Pour la farce, pelez 2 oignons, coupez-les en dés et faites-les fondre dans 2 cuillerées à soupe de beurre. Hâchez fin 50 grammes de cerneaux de noix. Malaxez-les avec les oignons, l'agneau haché, 1 bouquet de persil haché et 1 cuillerée à café de chaque épice : cannelle, piment moulu, cumin moulu et paprika doux. Salez et poivrez. Malaxez le boulgour et l'agneau comme indiqué, formez des boulettes et aplatissez-les. Répartissez la farce, roulez et faites frire comme indiqué. Égouttez et servez avec une salade de tomates au piment (page 49) et du yaourt au concombre (page 43, sans raisins secs).

Soupe de ramadan

En Orient, la récompense après le jeûne, chez nous, un réconfort

Pour 4 personnes en plat principal

50 g de fèves des marais sèches

50 g de pois chiches secs

400 g d'agneau ou de bœuf désossé

1 oignon

2 cuillerées à soupe d'huile ou de beurre clarifié

1 dose de filaments de safran (0,2 g)

1 cuillerée à café de curcuma moulu

1 cuillerée à café de paprika doux

2 cuillerées à café de gingembre moulu

500 g de tomates

1 bouquet de persil

1 bouquet de coriandre

100 g de lentilles

1 cuillerée à café de cannelle

50 g de riz long

sel, poivre du moulin

quartiers de citron pour servir

1 Mettez les fèves et les pois chiches dans deux jattes séparées et couvrez-les d'eau. Laissez tremper une nuit. Le lendemain, égouttez-les, puis pelez les fèves.

2 Dégraissez et dénervez la viande. Coupez-la en cubes de 2 centimètres de côté. Pelez l'oignon et coupez-le en dés.

3 Chauffez l'huile ou le beurre clarifié dans une cocotte. Faites-y revenir l'oignon et la viande environ 5 minutes.

4 Faites tremper le safran dans 1,5 litre d'eau et laissez infuser jusqu'à ce que l'eau soit jaune. Versez sur la viande. Ajoutez les fèves, les pois chiches, le curcuma, le paprika et le gingembre. Réduisez le feu, couvrez et laissez mijoter 1 heure, jusqu'à ce que les fèves soient presque tendres.

5 Ôtez le pédoncule des tomates. Arrosez celles-ci d'eau bouillante, attendez un instant, pelez-les et coupez la pulpe en dés.

6 Lavez, essuyez et équeutez les herbes. Réservez quelques feuilles de coriandre pour la décoration et hachez finement le reste. Ajoutez la coriandre hachée à la soupe, ainsi que les tomates, les lentilles et la cannelle. Laissez mijoter 30 minutes.

7 Incorporez le riz et faites cuire 20 minutes de plus, jusqu'à ce que les fèves et les lentilles soient tendres. Salez et poivrez. Parsemez de la coriandre réservée et servez avec des quartiers de citron.

Préparation : 35 minutes (+ 1 nuit de trempage et 2 heures 30 de cuisson)
Servir avec de la pita
480 calories la part

C'est bon aussi :

Avant de servir, assaisonnez la soupe d'un peu de harissa (page 95). Et si vous ne voulez pas acheter à la fois des fèves, des pois chiches et des lentilles, n'employez qu'un des trois. Mais les lentilles seules ne donnent pas un aussi bon résultat...

Poissons

Du poisson dans le désert ?
Aucun problème.

Du poisson dans le désert ? Jésus en a prodigué au peuple affamé, après le miracle de la multiplication des pains. Sans doute s'agissait-il de ces poissons séchés que les Bédouins emportaient depuis les côtes, à travers le désert.

Le poisson frais n'entre dans la cuisine orientale que dans les régions côtières du nord de l'Afrique ou sur les bords du Nil. Il est le plus souvent poêlé ou grillé entier. On le trouve plus rarement en morceaux, dans un tajine, par exemple.

Les Orientaux utilisent les épices sans complexe : herbes aromatiques fraîches, fruits acidulés, noix, fruits secs, tout est bon pour accompagner le poisson. Les coquillages, les crevettes ou les poulpes sont interdits aux juifs et aux musulmans, qui les considèrent « impurs ». Mais l'Orient n'est pas seulement peuplé de juifs et de musulmans, c'est pourquoi ce chapitre contient aussi des recettes à base de fruits de mer.

Boisson d'Orient

Limonade à la rose

Si vous pensez que la limonade est une boisson pour enfants, goûtez donc cette version merveilleusement aromatisée de la citronnade traditionnelle. Shéhérazade et sa sœur l'ont sûrement dégustée entre chacune de leurs mille et une nuits, pour se désaltérer. À leur place, dès la fin de la nuit et de son histoire, nous irions tout droit dans la roseraie, la fierté de tout seigneur oriental. Nous choisirions, après l'évaporation de la rosée, mais avant la dissipation des huiles essentielles, les pétales des roses blanches et roses les plus parfaites. Bien entendu, ces fleurs doivent être parfumées et leur arôme s'obtient par la cuisson.

Pour 4 grands verres, portez à ébullition 20 centilitres d'eau et 200 grammes de sucre, jusqu'à dissolution complète de celui-ci. Ajoutez deux bonnes poignées de pétales de rose non traités (du jardin ou du fleuriste). Couvrez le sirop et laissez refroidir. Pressez 5 ou 6 citrons, ajoutez le jus au sirop et laissez reposer pendant 1 heure au réfrigérateur. Versez le tout dans une passoire, répartissez le liquide dans les verres et allongez-le d'eau pétillante. Pour un arôme plus intense, ajoutez quelques gouttes d'eau de rose. Pour une expérience inédite, remplacez l'eau pétillante par du champagne rosé.

Vivre

au rythme de...

...la lune

Si l'on considère le temps et le monde du point de vue occidental, l'Orient perd quelque cent dix jours tous les cent ans. Les Orientaux calculent leur année d'après la lune et l'année lunaire comporte dix à onze jours de moins que l'année solaire. C'est pourquoi le nouvel an oriental et le ramadan glissent lentement d'une saison à l'autre.

Jusqu'en l'an 622 de notre ère, l'Orient resta en phase avec les saisons grâce à une combinaison des années lunaire et solaire, et une série de mois bissextiles. Ensuite, avec son nouveau calendrier, l'Islam coupa tous les liens antérieurs avec les saisons et les jours fériés, et inventa un rythme de vie nouveau sous le signe du croissant de lune. Notre an de grâce 622 marque pour l'Islam l'année zéro.

La Perse tenta encore pendant quatre cents ans de s'accommoder d'un mélange de calendrier lunaire islamique et de calendrier solaire traditionnel. Finalement, le soleil fut repris comme seul instrument de mesure. Depuis lors, *nauruz*, la date du nouvel an persan, est fêtée chaque année le 21 mars de notre calendrier. Par ailleurs, 2005 correspond à l'année persane 1397. Compliqué ? Il suffit d'y consacrer un peu de temps et les choses s'éclaircissent d'elles-mêmes...

◊ Un conseil du djinn ◊

Au long du jour

Grand djinn ! J'aimerais aller me présenter à ton ami, mais pour trouver le meilleur moment, j'aimerais en savoir plus sur le déroulement de sa journée. Dis-moi ce qu'il en est.

Songe tout d'abord que le temps a pour nous une autre valeur que pour vous, je t'en dirai plus long à ce sujet une autre fois. Voici donc le quotidien de mon ami, aussi croyant que zélé. J'aurais dû suivre son exemple, moi aussi. Si j'avais prié régulièrement, je n'aurais pas été transformé en djinn pour mille et une années.

Contrairement à moi, mon ami se lève avant le lever du soleil, pour la première de ses cinq prières quotidiennes. Auparavant, il accomplit les ablutions rituelles qui permettent de se libérer du quotidien pour Allah. La prière suivante a lieu à midi, la troisième, l'après-midi, les deux dernières interviennent avant et après le coucher du soleil.

Pendant ce laps de temps, les magasins sont fermés et le travail doit attendre, même chez mon ami qui a pourtant onze enfants à nourrir. Le muezzin appelle à chaque prière du haut du minaret, comme les cloches sonnent chez vous les heures pleines. Entre ces cinq appels, tu trouveras tout le temps qui te sera nécessaire pour faire ta visite.

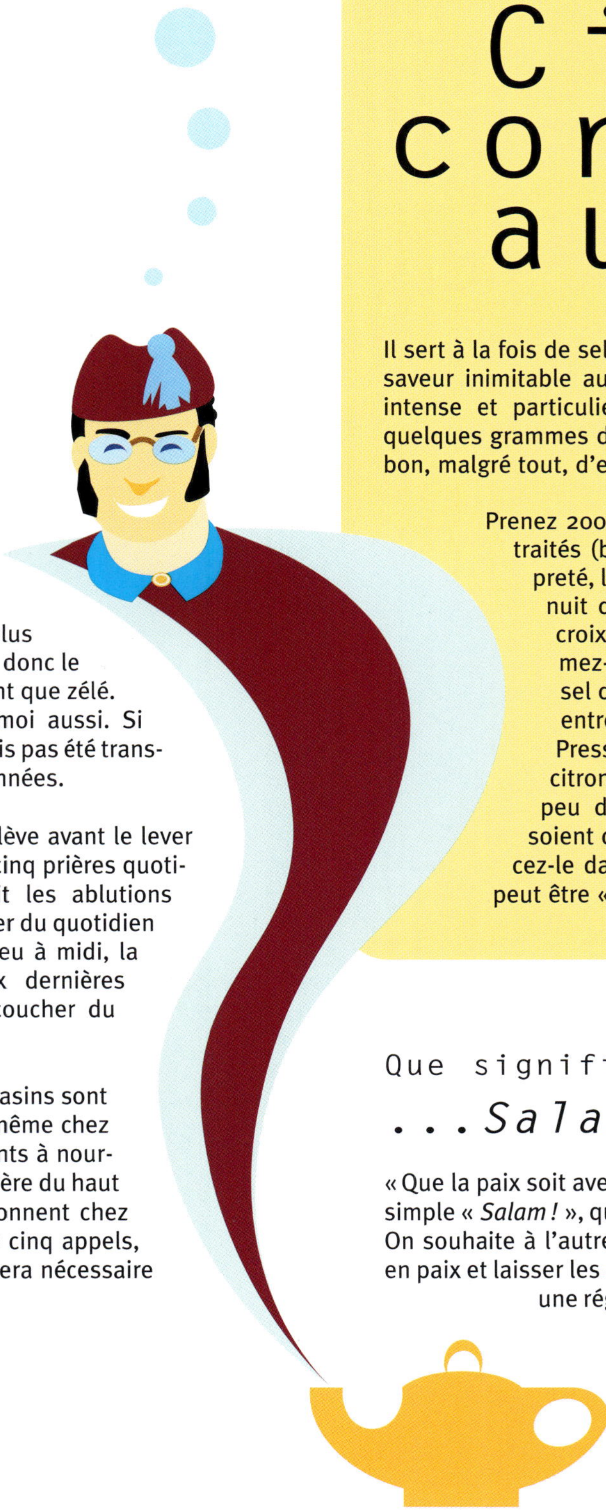

Basiques orientaux faits maison

Citron confit au sel

Il sert à la fois de sel et d'épice dans la cuisine marocaine, donne une saveur inimitable aux marinades et enrichit le tajine de son arôme intense et particulier. Sans lui, pas de cuisine nord-africaine. Si quelques grammes de sa peau suffisent déjà à donner du goût, il est bon, malgré tout, d'en préparer une dizaine à l'avance.

Prenez 200 à 250 grammes de sel de mer et 15 citrons non traités (bio de préférence). Pour être certain de leur propreté, lavez-les à l'eau chaude et laissez-les tremper une nuit dans l'eau. Entaillez profondément 10 citrons en croix, remplissez l'intérieur d'un peu de sel et refermez-les. Disposez les citrons salés sur une couche de sel de mer dans un bocal étroit à bord haut, en salant entre chaque couche. Terminez par une couche de sel. Pressez les 5 derniers citrons et versez leur jus sur les citrons salés. Laissez reposer 1 journée, puis ajoutez un peu d'eau, si nécessaire, pour que tous les citrons soient couverts. Fermez hermétiquement le bocal et placez-le dans un endroit sombre et frais. Le premier citron peut être « cueilli » au bout d'un mois.

Que signifie...

...*Salamaleikum* ?

« Que la paix soit avec toi ! », tel est le vœu pieux, parfois abrégé en un simple « *Salam !* », que l'on entend en guise de salut dans tout l'Orient. On souhaite à l'autre tout le bien qu'on désire pour soi-même : vivre en paix et laisser les autres en paix. Un vœu bien compréhensible dans une région souvent déchirée par les conflits, mais où l'on aimerait pourtant ouvrir la porte aux étrangers. Trop connoté à votre goût ? Alors contentez-vous de « Ho ! », « Hello ! » ou « Salut ! » Ou encore de « *Shalom !* » si vous êtes en Israël.

Sardines grillées à la charmoula

À faire mariner la veille

Pour 4 personnes

24 sardines (environ 1 kg)

Farine

10 cl d'huile de tournesol pour la cuisson

Pour la marinade à la *charmoula* :

1 gros bouquet de coriandre

4 gousses d'ail

sel

1 cuillerée à soupe de paprika doux

1 cuillerée à soupe de cumin moulu

1 cuillerée à café de poivre moulu

1 cuillerée à café de *ras-el-hanout* (page 113)

3 cuillerées à soupe d'huile d'olive

1 ou 2 cuillerées à soupe de jus de citron

Pour la sauce tomate :

500 g de tomates

1 petit bouquet de persil

2 cuillerées à café de cumin moulu

sel, poivre du moulin

2 ou 3 cuillerées à soupe d'huile d'olive

Pour la sauce à l'oignon :

4 oignons

3 cuillerées à soupe d'huile d'olive

sel, poivre du moulin

1 pincée de *ras-el-hanout* (page 113)

1 Ôtez les têtes des sardines. Lavez et écaillez-les. Fendez leur le ventre sur toute sa longueur et ouvrez-les en deux. Soulevez l'arête centrale à l'aide du manche d'une petite cuillère et ôtez-la. Lorsque toutes les sardines sont parées, lavez-les à nouveau, égouttez-les et rangez-les dans une jatte.

2 Pour la marinade à la *charmoula*, lavez et essuyez la coriandre. Éliminez les grosses tiges. Pelez l'ail et ajoutez-le à la coriandre. Salez légèrement et hachez finement le tout à l'aide d'un gros couteau. Ajoutez les épices, l'huile et ce qu'il faut de jus de citron pour obtenir une marinade épaisse. Mélangez la marinade aux sardines (c'est plus facile avec les mains). Couvrez et réfrigérez une nuit.

3 Le lendemain, préparez les sauces. Pour la sauce tomate, ôtez les pédoncules, lavez les tomates, coupez-les en deux et râpez-les grossièrement. Lavez, essuyez et équeutez le persil. Hachez les feuilles très fin. Ajoutez-les aux tomates avec les épices et l'huile. Mélangez bien, rectifiez l'assaisonnement et réfrigérez.

4 Pour la sauce à l'oignon, pelez les oignons et coupez-les en dés très fins. Faites-les fondre et à peine colorer dans l'huile d'olive à feu doux à moyen. Assaisonnez de sel, de poivre et du *ras-el-hanout*, et laissez refroidir dans un bol.

5 Roulez les sardines dans la farine et secouez-les pour ôter l'excédent. Superposez les sardines deux par deux, peau vers l'extérieur. Faites chauffer l'huile de tournesol dans une grande poêle et faites-y revenir les « doubles » sardines 3 à 4 minutes sur chaque face. Égouttez-les brièvement sur du papier absorbant et servez avec les deux sauces. Au Maroc, ce plat se déguste chaud ou froid.

Préparation et cuisson : 1 heure (+ 1 nuit de marinade)
Servir avec de la pita
570 calories la part

Rougets en feuille de vigne

Sophistiqué mais facile à cuisiner

Pour 4 personnes

16 feuilles de vigne fraîches de préférence, sinon en saumure (chez l'épicier turc ou grec)
8 rougets vidés et écaillés par le poissonnier (environ 150 g chacun)
sel, poivre du moulin
5 cuillerées à soupe de jus de citron
2 gousses d'ail
1 bouquet de persil
6 cuillerées à soupe d'huile d'olive

1 Séparez avec précaution les feuilles de vigne en saumure (elles se déchirent facilement). Rangez-les sur un plat et arrosez-les d'eau froide. Laissez-les tremper environ 10 minutes pour qu'elles perdent le goût de la saumure. Lavez simplement les feuilles de vigne fraîches.

2 Si les poissons n'ont pas été écaillés par le poissonnier, rincez-les d'abord sous l'eau froide, puis écaillez-les de la queue vers la tête dans l'évier (pour ne pas joncher la cuisine d'écailles), à l'aide d'un couteau ou d'un écailleur.

3 Lavez bien les poissons et essuyez-les avec du papier absorbant. Frottez l'intérieur et l'extérieur de sel et de poivre. Arrosez de jus de citron. Pelez l'ail et émincez-le en fines lamelles. Lavez quelques brins de persil et essuyez-les. Mettez-les à l'intérieur des poissons, ainsi que l'ail.

4 Posez 2 feuilles de vigne côte à côte en les faisant légèrement se chevaucher. Badigeonnez-les d'huile et placez un poisson au centre. Fermez la papillote. Répétez l'opération pour tous les poissons.

5 Faites chauffer le gril ou le barbecue. Badigeonnez les papillotes d'huile et faites-les griller environ 5 minutes sur chaque face.

6 Pendant ce temps, lavez, essuyez et équeutez le reste du persil. Hachez fin les feuilles. Mélangez-les avec le reste du jus de citron, du sel et du poivre. Incorporez le reste d'huile à la fourchette. Servez cette sauce avec les poissons.

Préparation et cuisson : 30 minutes
Servir avec de la pita
335 calories la part

C'est bon aussi :

Vous pouvez faire cuire ces rougets en feuille de vigne dans une poêle, 5 minutes de chaque côté. Il vous faudra alors un peu plus d'huile.

Dorades au four

Simple comme tout !

Pour 4 personnes

2 bouquets de coriandre

1 oignon

4 gousses d'ail

6 cuillerées à soupe de jus de citron

6 cuillerées à soupe d'huile d'olive

2 cuillerées à soupe de paprika doux

2 cuillerées à soupe de cumin moulu

1 cuillerée à café de poivre moulu

1 cuillerée à café de *ras-el-hanout* (page 113)

sel

2 dorades vidées et écaillées par le poissonnier (environ 500 g chacune)

2 carottes

4 pommes de terre à chair ferme

2 poivrons verts

2 jeunes courgettes

4 tomates

1 citron non traité

1 dose de filaments de safran (0,2 g)

1 Lavez, essuyez et hachez la coriandre. Pelez l'oignon et l'ail et hachez-les bien fin. Mélangez l'oignon et l'ail avec le jus de citron, 3 cuillerées à soupe d'huile, le paprika, le cumin, le sel, le poivre et le *ras-el-hanout*.

2 Lavez les poissons, essuyez-les et incisez en croix chaque face plusieurs fois. Frottez-les d'un peu de sauce à la coriandre. Pelez les carottes et les pommes de terre et coupez-les en fines rondelles. Trempez-les dans la sauce à la coriandre et tapissez-en un grand plat à four. Rangez les poissons par-dessus.

3 Lavez et parez les poivrons, les courgettes, les tomates et le citron. Coupez le poivron en anneaux, les courgettes et les tomates en rondelles de 1 centimètre et le citron en fines rondelles.

4 Préchauffez le four à 170 °C. Répartissez les courgettes, les poivrons et les tomates sur les poissons, en intercalant les rondelles de citron. Mélangez le reste de la sauce avec l'huile restante et nappez le plat de ce mélange. Faites tremper le safran dans 12,5 centilitres d'eau tiède et laissez infuser jusqu'à ce que l'eau soit jaune. Versez à côté des poissons. Enfournez 1 heure à mi-hauteur. Vérifiez régulièrement qu'il reste du liquide dans le plat et, le cas échéant, complétez avec de l'eau. Transférez les légumes dans un plat chaud, levez les filets des poissons et servez.

Préparation : 35 minutes (+ 1 heure de cuisson)
Servir avec de la pita
415 calories la part

Poisson au riz et aux olives

Simple comme bonjour

Pour 4 personnes

250 g de riz long (par exemple basmati)

1 poivron rouge et 1 poivron vert

sel

100 g d'olives vertes dénoyautées

1 botte de ciboules

50 g de beurre

poivre moulu

1/2 dose de filaments de safran (0,1 g)

3 ou 4 cuillerées à soupe de jus de citron

4 filets de poisson (rascasse, par exemple, 180 g chacun)

1 cuillerée à café de chaque épice : curcuma, paprika, cumin et coriandre moulus

1/2 cuillerée à café de muscade fraîchement râpée

1/2 cuillerée à café de cannelle

1 Mettez le riz dans une passoire, rincez-le avec soin sous l'eau froide et laissez-le égoutter. Lavez les poivrons et ouvrez-les en deux. Ôtez le pédoncule, les graines et les filaments blancs. Coupez la pulpe en cubes.

2 Mettez le riz dans 50 centilitres d'eau salée et portez à ébullition. Réduisez le feu et couvrez. Laissez cuire le riz 15 minutes et, à mi-cuisson, incorporez les cubes de poivron.

3 Pendant ce temps, hachez finement les olives. Coupez les racines et les feuilles vertes flétries des ciboules. Lavez le reste et coupez-le en fins anneaux.

4 Préchauffez le four à 200 °C (chaleur tournante : 180 °C). Réservez 1 cuillerée à soupe de beurre et coupez le reste en dés. Incorporez-les au riz, de même que les olives et les ciboules. Salez, poivrez et transférez le riz dans un plat à four.

5 Faites tremper le safran dans le jus de citron et laissez infuser un instant. Lavez et essuyez les filets de poisson. Mélangez le jus de citron safrané avec les épices, du sel et du poivre. Arrosez le poisson d'une partie de ce mélange. Posez-le poisson sur le riz et arrosez-le du reste du mélange. Coupez le reste du beurre en dés et répartissez-les sur le poisson. Enfournez 12 à 15 minutes (selon l'épaisseur) à mi-hauteur. Apportez le plat à table.

Préparation et cuisson : 50 minutes
Servir avec une salade de concombre à la grenade (page 48)
555 calories la part

Ragoût de poisson au citron vert

Aussi rapide que bon

Pour 4 personnes
2 oignons
4 gousses d'ail
400 g de tomates
1 citron vert non traité
2 cuillerées à soupe de beurre clarifié
1 bâton de cannelle
1 cuillerée à café de paprika doux
1 cuillerée à café de curcuma moulu
2 cuillerées à café de gingembre moulu
4 darnes de poisson (lotte, espadon, thon, flétan...) de 180 g chacune, ou 800 g de filets de poisson
sel, poivre du moulin
2 cuillerées à café de miel
1/2 bouquet de persil ou de menthe

1 Pelez les oignons et l'ail et coupez-les en dés. Ôtez le pédoncule des tomates. Arrosez celles-ci d'eau bouillante, attendez un instant, pelez-les et coupez-les en deux. Éliminez les graines et coupez la pulpe en dés. Lavez le citron vert et coupez-le en rondelles de 1 centimètre.

2 Posez une cocotte sur le feu et faites-y fondre le beurre clarifié. Écrasez légèrement le bâton de cannelle et mettez-le dans le beurre avec l'oignon et l'ail. Faites revenir 10 minutes à feu doux, en remuant souvent. Mélangez les épices moulues, ajoutez-les et faites revenir un instant.

3 Ajoutez les tomates et le citron dans la cocotte. Mouillez avec 12,5 centilitres d'eau et réchauffez. Laissez mijoter 10 minutes à découvert.

4 Pendant ce temps, lavez et essuyez le poisson. Salez et poivrez. Rectifiez l'assaisonnement de la sauce, puis incorporez le miel. Mettez le poisson dans la cocotte, couvrez et faites cuire 10 minutes à feu doux.

5 Lavez, essuyez et équeutez le persil ou la menthe. Hachez finement les feuilles et parsemez-en le plat. Servez.

Préparation et cuisson : 30 minutes
Servir avec du riz persan avec croûte de pommes de terre (page 100), du couscous (pages 96-97) ou simplement de la pita
275 calories la part

Maquereaux farcis

Vraiment original

Pour 4 personnes

4 maquereaux vidés et écaillés par le poissonnier (300 g chacun)

5 cuillerées à soupe de jus de citron

sel, poivre du moulin

1/2 grenade

2 cuillerées à soupe de pignons de pin

1 cuillerée à soupe de raisins secs

1 cuillerée à café de coriandre moulue

1 botte de ciboules

2 gousses d'ail

50 g de cerneaux de noix

1/2 bouquet de coriandre

3 cuillerées à soupe d'huile d'olive

2 cuillerées à café de sumac

1 Lavez et essuyez les maquereaux. Arrosez l'intérieur de 2 cuillerées à soupe de jus de citron et frottez-le de sel et de poivre. Laissez mariner au moins 30 minutes. (Quelques heures au réfrigérateur sont encore mieux.)

2 Pour la farce, cassez la grenade en morceaux, prélevez les graines avec les doigts et éliminez les membranes blanches. Mélangez les graines avec les pignons de pin, les raisins secs, le sel, le poivre et la coriandre moulue.

3 Préchauffez le four à 200 °C (chaleur tournante : 180 °C, sans préchauffage). Farcissez les maquereaux avec le mélange à la grenade et rangez-les côte à côte dans un plat à four. Couvrez d'aluminium ménager (face brillante en dessous) et enfournez à mi-hauteur. Laissez cuire les poissons environ 20 minutes, puis ôtez l'aluminium ménager et faites cuire 10 minutes de plus.

4 Pendant ce temps, éliminez les racines et les parties vertes flétries des ciboules. Lavez le reste et émincez-le très fin. Pelez l'ail et hachez-le très fin. Concassez ou hachez les cerneaux de noix. Lavez, essuyez et équeutez la coriandre fraîche. Hachez finement les feuilles.

5 Mélangez les ciboules, l'ail, les noix et la coriandre avec le reste du jus de citron et l'huile d'olive. Assaisonnez du sumac, de sel et de poivre.

6 Sortez les poissons du four et nappez-les de la sauce aux noix. Servez sans attendre.

Préparation et cuisson : 1 heure
Servir avec de la pita ou du riz à l'oignon et à la pistache (page 101) et une salade de carottes à l'orange (page 50)
535 calories la part

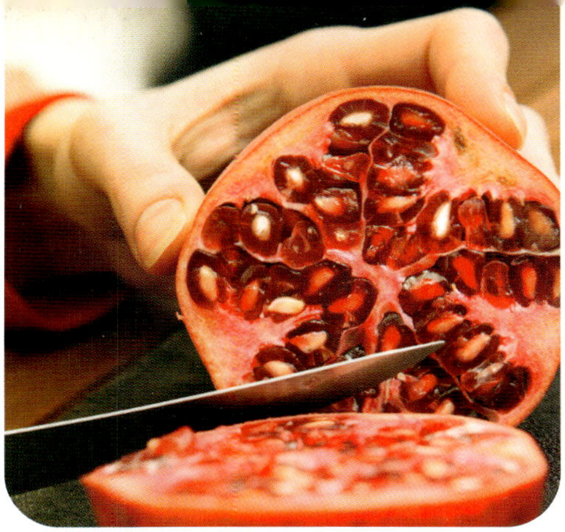

Variante

Truites au four

Préchauffez le four à 180 °C (chaleur tournante : 160 °C). Lavez et essuyez 4 truites (350 grammes chacune). Frottez l'intérieur et l'extérieur de sel et de poivre. Rangez les truites côte à côte dans la lèchefrite. Lavez et essuyez 1/2 bouquet de menthe, 1/2 de persil, 1/2 de coriandre et 1/2 d'aneth. Hachez finement les feuilles et mélangez-les avec 4 cuillerées à soupe de jus de citron, 2 cuillerées à soupe d'huile d'olive, du sel et du poivre moulu. Nappez les truites de ce mélange. Enfournez environ 25 minutes à mi-hauteur.

Notre conseil

Lorsque les poissons sont entiers, il n'est pas évident de savoir quand ils sont cuits. Les poissonniers conseillent de tirer sur une nageoire : si elle se détache facilement, le poisson est cuit. En ce qui nous concerne, nous trouvons qu'à ce stade-là, le poisson est déjà un peu trop cuit. Nous préférons insérer la pointe d'un couteau dans une partie épaisse du poisson et regarder à l'intérieur de l'incision : si la chair n'est plus transparente, le poisson peut être apporté à table.

Poisson en sauce à l'ail

Il embaume !

Pour 4 personnes

1 fine tranche de pain blanc rassis

8 gousses d'ail

80 g de cerneaux de noix, pignons de pin et amandes mélangés

1 cuillerée à soupe de yaourt

6 cuillerées à soupe d'huile d'olive

4 cuillerées à soupe de jus de citron

sel, poivre du moulin

4 filets de poisson (aiglefin, truite ou truite saumonée) de 180 g chacun

1 botte de ciboules

50 g d'olives noires dénoyautées

2 cuillerées à soupe d'amandes concassées

1 cuillerée à soupe de beurre

1 cuillerée à café de paprika doux

1 Pour la sauce, ôtez la croûte du pain et faites tremper la mie environ 10 minutes dans de l'eau tiède. Préchauffez le four à 220 °C (chaleur tournante : 200 °C).

2 Pelez l'ail et écrasez-le au presse-ail. Hachez les noix, les pignons et les amandes. Essorez la mie de pain et mettez-la dans le mixeur avec les noix, les pignons, les amandes, l'ail, le yaourt et l'huile. Ajoutez le jus de citron et mixez le tout. Salez et poivrez, puis réservez jusqu'au moment de servir.

3 Lavez les filets de poisson sous l'eau froide et essuyez-les. Salez et poivrez. Rangez-les côte à côte dans un plat à four. Éliminez les racines et les parties vertes flétries des ciboules. Lavez le reste et hachez-le bien fin, ainsi que les olives. Mélangez avec les amandes concassées. Coupez le beurre en dés et incorporez-les au mélange, ainsi que le paprika. Nappez le poisson de ce mélange.

4 Enfournez le poisson 10 à 15 minutes (selon l'épaisseur) à mi-hauteur. Servez avec la sauce froide.

Préparation : 30 minutes (+ 15 minutes de cuisson)
Servir avec de la pita ou des pommes de terre pimentées (page 80)
545 calories la part

Poisson en sauce à la grenade

En un tournemain

Pour 4 personnes

2 grenades

1 oignon

2 gousses d'ail

1 cuillerée à soupe de jus de citron

2 cuillerées à café de sucre ou de miel

4 filets de poisson (espadon, thon, lieu...) de 180 g chacun

sel, poivre du moulin

1/2 cuillerée à café de coriandre moulue

2 cuillerées à soupe d'huile d'olive

1 petit bouquet de menthe

1 Coupez 1 grenade en deux et exprimez-en le jus à l'aide d'un presse-agrumes. Ouvrez l'autre au-dessus d'une cocotte et cassez-la en morceaux. Prélevez les graines avec les doigts et laissez-les tomber directement dans la cocotte tout en éliminant les membranes. Réservez quelques graines. Versez le jus de grenade dans la cocotte.

2 Pelez l'oignon et l'ail et coupez-les en dés très fins. Ajoutez aux graines de grenade avec 5 cuillerées à soupe d'eau, le jus de citron et le sucre ou le miel. Faites chauffer. Réduisez et laissez frémir la sauce 15 minutes sans couvrir.

3 Pendant ce temps, lavez le poisson sous l'eau froide et essuyez-le. Mélangez du sel, du poivre, la coriandre et poudrez le poisson de ce mélange sur les deux faces. Chauffez l'huile dans une grande poêle et faites-y dorer le poisson 3 à 4 minutes de chaque côté, sur feu moyen.

4 Lavez, essuyez et équeutez la menthe. Hachez très finement les feuilles. Tamisez la sauce à la grenade. Salez, poivrez et incorporez la menthe. Dressez les filets de poisson sur des assiettes préchauffées et nappez-les de la sauce. Parsemez du reste des graines de grenade et servez sans attendre.

Préparation et cuisson : 30 minutes
Servir avec du riz persan avec croûte de pommes de terre (page 100), du riz safrané aux abricots (page 100) ou de la pita
255 calories la part

C'est bon aussi :

Au lieu de cuire le poisson à la poêle, faites-le pocher quelques minutes dans de l'eau frémissante additionnée d'herbes et de légumes : il aura une couleur bizarre, mais sera très bon.

Filets de poisson en sauce au sésame

Sans détour

Pour 4 personnes

400 g d'oignons

2 cuillerées à soupe d'huile d'olive

1 cuillerée à café de paprika rose

4 filets de poisson (lieu, rascasse ou flétan) de 180 g chacun

sel, poivre du moulin

100 g de pâte de sésame (*tahini*)

100 g de yaourt, de crème aigre ou de lait

4 cuillerées à soupe de jus de citron

1 bouquet de persil

1 Pelez les oignons et coupez-les en deux, puis en fines lanières. Chauffez l'huile dans une poêle et faites-y revenir les oignons et le paprika 10 minutes à feu moyen. Remuez souvent.

2 Préchauffez le four à 180 °C (chaleur tournante : 160 °C). Lavez le poisson sous l'eau froide et essuyez-le. Salez et poivrez.

3 Rangez les filets de poisson côte à côte dans un plat allant au four. Mélangez bien la pâte de sésame avec le yaourt, la crème ou le lait, et le jus de citron. Si la sauce est trop épaisse, allongez-la d'un peu d'eau. Salez et poivrez, puis nappez-en le poisson. Répartissez les lanières d'oignon par-dessus. Enfournez le poisson 15 minutes à mi-hauteur.

4 Pendant ce temps, lavez, essuyez et équeutez le persil. Hachez finement les feuilles. Sortez le poisson du four, parsemez-le du persil et servez.

Préparation et cuisson : 35 minutes
Servir avec de la pita, du riz à l'oignon et à la pistache (page 101) ou du riz safrané aux abricots (page 100) et une salade de concombre à la grenade (page 48)
385 calories la part

Bon aussi :

Avant de servir, parsemez le poisson de quelques graines de grenade ou mélangez les oignons avec de fines lanières de dattes.

Kebabs de poisson aux oranges pimentées

Tout aussi bon dans une pita

Pour 4 personnes

1 petit oignon

2 gousses d'ail

4 cuillerées à soupe de jus de citron

6 cuillerées à soupe d'huile d'olive

sel, poivre du moulin

1/2 cuillerée à café de cumin moulu

700 g d'espadon, de thon ou de lotte

16 feuilles de laurier

1 piment rouge

1 morceau de gingembre frais (environ 1 cm)

2 oranges charnues (dont 1 non traitée)

2 capsules de cardamome verte

2 cuillerées à soupe de sucre

1 Pelez l'oignon et l'ail puis hachez-les aussi fin que possible ou réduisez-les en purée au mixeur. Ajoutez 2 cuillerées à soupe de jus de citron, 4 cuillerées à soupe d'huile d'olive, du sel, du poivre et le cumin.

2 Lavez le poisson sous l'eau froide et essuyez-le. Coupez-le en cubes de 2 centimètres de côté et enfilez ceux-ci sur des brochettes en les alternant avec les feuilles de laurier. Nappez de mélange à l'oignon et réfrigérez environ 1 heure.

3 Pendant ce temps, lavez le piment et coupez-le en deux. Ôtez le pédoncule et taillez le reste en fines lanières. Pelez le gingembre et râpez-le très fin. Lavez les oranges sous l'eau chaude. Prélevez le zeste de l'orange non traitée sans la membrane blanche et hachez-le. Pelez l'autre orange à vif. Ôtez la peau des quartiers des deux oranges en recueillant le jus dans une cocotte, et coupez la chair en dés.

4 Mettez le piment, le gingembre et les dés d'orange dans la cocotte. Écrasez légèrement la cardamome et ajoutez-la. Incorporez le sucre et le reste du jus de citron et d'huile. Faites chauffer. Laissez frémir 10 minutes à feu moyen sans couvrir, en remuant de temps en temps. Laissez refroidir et salez.

5 Faites chauffer le gril du four ou une poêle. Faites cuire les brochettes environ 10 minutes, en les retournant une fois. Dégustez avec les oranges pimentées.

Préparation et cuisson : 35 minutes (+ 1 heure de marinade)
Servir avec de la pita à la poêle (page 61), des tomates, des feuilles de salade et des herbes
590 calories la part

Crevettes épicées

Un jeu d'enfant

Pour 4 personnes

750 g de tomates

1 bouquet de persil

1/2 bouquet de menthe

2 gousses d'ail

2 cuillerées à café de cumin moulu

sel

1 cuillerée à café de sucre

1 cuillerée à café de harissa (page 95)

4 cuillerées à soupe d'huile d'olive

600 g de crevettes crues décortiquées (ou cuites en cas d'urgence)

1 Ôtez le pédoncule des tomates. Arrosez celles-ci d'eau bouillante, attendez un instant, pelez-les et coupez la pulpe en tout petits dés.

2 Lavez, essuyez et équeutez les herbes. Hachez les feuilles très finement. Pelez l'ail et écrasez-le au presse-ail.

3 Mettez les tomates, les herbes, l'ail, le cumin, le sel, le sucre, la harissa et l'huile

dans une cocotte. Faites chauffer. Laissez mijoter environ 10 minutes sur feu moyen, sans couvrir.

4 Lavez les crevettes. Incisez leur dos et ôtez le boyau noir. Lavez-les à nouveau et mettez-les dans la sauce tomate. Réduisez le feu, couvrez et faites cuire 5 minutes. (Si elles sont cuites, réchauffez-les simplement.) Goûtez la sauce. Est-elle assez salée et poivrée ? Dans ce cas, servez.

Préparation et cuisson : 30 minutes
Servir avec de la pita
240 calories la part

Encornets grillés à la pâte de dattes

Idéal en été

Pour 4 personnes

700 g d'encornets petits et entiers
ou de calmar à couper en morceaux
2 cuillerées à café de graines de cumin
1 cuillerée à café de graines de coriandre
2 cuillerées à soupe de jus de citron
3 cuillerées à soupe d'huile d'olive
sel, poivre du moulin

Pour la pâte de dattes :

1 citron vert
2 gousses d'ail
2 ciboules
150 g de dattes fraîches charnues
1/2 cuillerée à café de curcuma moulu
1 cuillerée à café de sumac moulu
1 pincée de cannelle
sel, poivre du moulin

1 Lavez les encornets et laissez-les entiers. S'il s'agit de calmar, coupez-le en morceaux de 10 sur 5 centimètres. Plongez les encornets dans 1 litre d'eau salée bouillante. Ramenez à ébullition et laissez frémir 1 minute. Puis rafraîchissez-les sous l'eau froide et égouttez-les.

2 Faites griller le cumin et la coriandre à sec dans une poêle, jusqu'à ce qu'ils embaument. Pilez-les très finement au mortier. Incorporez le jus de citron, l'huile d'olive, du sel et du poivre. Ajoutez le tout aux encornets et réfrigérez 2 heures.

3 Lavez le citron vert sous l'eau chaude. Prélevez son zeste et pressez le jus. Pelez l'ail et écrasez-le. Éliminez les racines des ciboules. Lavez celles-ci et hachez-les très fin. Dénoyautez les dattes.

4 Réduisez les dattes en purée avec l'ail et 3 cuillerées à soupe de jus de citron vert. Incorporez le zeste, les ciboules, le curcuma, le sumac et la cannelle. Salez, poivrez et, le cas échéant, ajoutez du jus de citron vert.

5 Préchauffez le gril du four ou le barbecue. Sortez les brochettes de la marinade et faites-les griller 10 minutes, en les retournant une ou deux fois. Dégustez avec la pâte de dattes.

Préparation et cuisson : 25 minutes (+ 2 heures de marinade)
Servir avec de la pita et une salade de carottes (page 50) ou d'oranges (page 46)
275 calories la part

Desserts &

Douces saveurs venues d'Orient…

douceurs

Comme dans tous les livres de cuisine, les desserts se trouvent à la fin, même si l'Orient préfère souvent les fruits frais après un repas. Toutes les douceurs à base de miel, de sucre de canne et de massepain sont bien trop appréciées par les Orientaux pour ne les consommer qu'à la fin du repas.

Ils s'offrent volontiers quelques dattes au petit déjeuner, des croissants divinement farcis avec le thé ou le café, voire une spécialité de riz sucré aux épices comme plat principal. Même le couscous peut être servi de la sorte.

Pour autant, les fruits ne sont pas nécessairement consommés nature. Le sorbet, ne l'oublions pas, est une invention orientale, de même que les fruits confits et séchés. Quant à nos pâtissiers, ils tirent leur inspiration de l'Orient, même s'ils sont plus enclins à proposer de la tarte aux pommes que du *baklava*. Pas de panique ! Nous vous en dévoilons la recette en page 155.

Boisson d'Orient

Boza

« Boooooooozzzaaaaaaa ! » crient les marchands en hiver, à travers les rues froides d'Istanbul pour attirer les passants qui raffolent de cette boisson traditionnelle turque à base de boulgour fermenté, à la saveur aigre-douce. Il existe des recettes de *boza* très élaborées et jalousement gardées, pour lesquelles il faut le savoir-faire d'un maître brasseur. D'autres sont plus basiques.

Pour 1 litre de *boza*, mélangez 2 tasses à café de boulgour avec 2 tasses d'eau et laissez reposer une nuit. Ajoutez 2 tasses d'eau et faites cuire à feu doux, sans cesser de remuer, pendant 20 à 30 minutes, jusqu'à obtenir une pâte épaisse.

Versez la pâte dans une passoire à mailles fines (les plus pressés peuvent la réduire en purée, mais nous avons tout notre temps) et égouttez-la en pressant de temps à autre. Ajoutez 2 tasses de sucre au liquide épais ainsi obtenu, couvrez d'un torchon et placez dans un endroit chaud (à environ 40 °C).

Au bout de 3 ou 4 jours, le mélange commence à fermenter. Il est alors prêt à être consommé. Versez la *boza* dans des verres, ajoutez une pincée de cannelle et dégustez. Placez le reste au réfrigérateur dans un récipient hermétiquement fermé. La *boza* ne se conserve pas au-delà de 1 à 2 jours.

Sucre

d'or...

...pour un sourire

Lorsqu'on mange une friandise sucrée, on se sent tout de suite un peu plus riche, plus heureux, plus vivant. C'est pourquoi les mets sucrés jouent un rôle aussi important dans la cuisine orientale, où l'on aime l'opulence en devant faire maigre bien souvent. Les mets sucrés sont rarement des desserts (pour cela, il y a les fruits frais ou secs et les pâtisseries), souvent des plats principaux. Si le *halwa* ou le *baklava* turcs, ou la crêpe au miel marocaine ne vous sont pas inconnus, vous savez de quoi nous voulons parler.

Bien souvent, les plats sucrés sont dotés d'une valeur symbolique, surtout lorsqu'ils contiennent du safran comme c'est souvent le cas dans la cuisine iranienne. Le riz au lait au safran et aux amandes est préparé en cas de deuil, le *halwa*, gâteau de semoule au safran est consommé pendant les trois jours suivant la mort d'une personne. Les septième et quatorzième jours, il est distribué aux parents, aux voisins et aux nécessiteux.

La crème au safran *katchi* accompagne des circonstances plus heureuses, puisqu'elle est donnée aux jeunes mères un jour après la naissance de leur enfant. Elles y puisent des forces nouvelles et fêtent comme il se doit cette nouvelle vie. Vous ne trouverez pas ces recettes dans notre livre car elles sont aussi complexes que la souveraine cuisine persane. C'est-à-dire, tout le contraire de basique.

◊ Un conseil du djinn ◊

Du temps

Patient djinn !

C'est fait. J'ai rendu visite à ton ami et tout s'est déroulé comme tu me l'avais dit. Enfin, pas exactement. Car à la fin, nous avons fait une vraie sieste à l'ombre d'un arbre du jardin, la première de toute ma vie. D'où vient donc cette incroyable tranquillité ?

Sache que la hâte est une vertu de l'Occident. Ici, dans les pays chauds, nous nous laissons du temps pour méditer sur Allah et réfléchir au passé. Nous jouissons tranquillement de la vie sans penser à demain.

Votre ouvrage avec les sept champs par semaine est pour nous comme un livre aux sept sceaux, je veux parler de l'agenda. Il me rappelle l'époque des pharaons, quand je survolais leurs terres avec mon tapis. Chaque parcelle avait la même taille, les cultures, les saisons de plantation et de récolte, tout était fixé à l'avance. Et qu'est-il devenu, l'or des pharaons ? Vous divisez vos journées en heures, en minutes, en rendez-vous et en obligations, comme eux parcellaient la nature, et en fin de compte, il n'en reste rien.

Mon horloge, c'est le soleil qui me dit : le jour commence lorsque je me lève et se termine lorsque je me couche. Quand les premiers rayons du soleil éclairent l'obscurité, je me réjouis du jour nouveau. Une chose après l'autre. J'ai tout le temps du monde, je suis un djinn ! Si Dieu le veut... ou *Inch Allah*, si vous préférez !

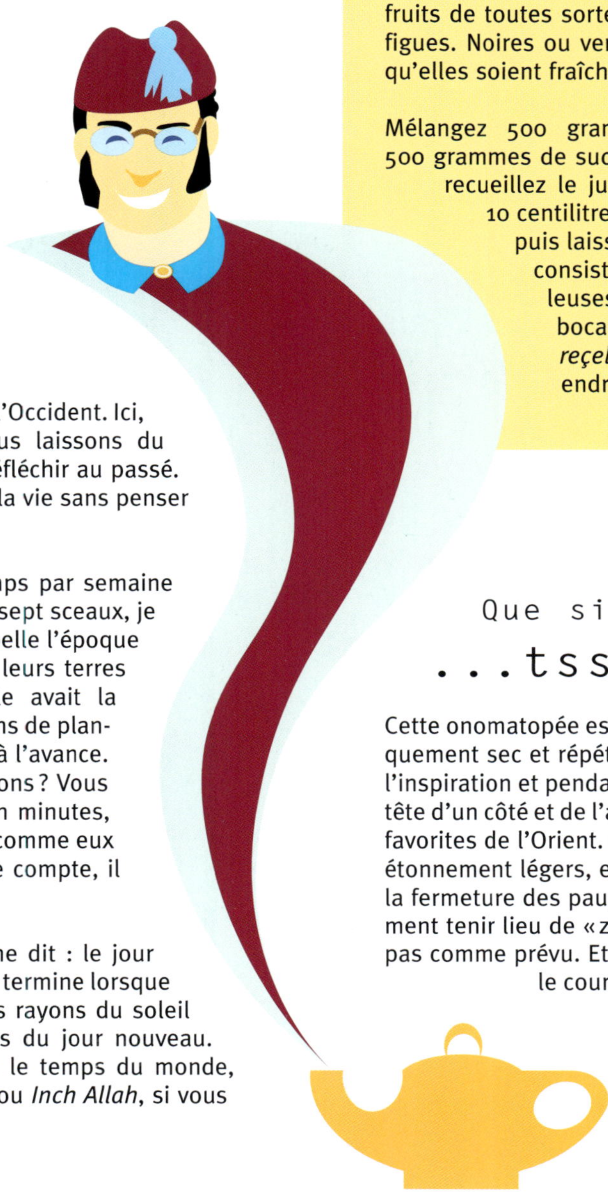

Basiques orientaux faits maison

Reçeli de figues

Cette mixture, à mi-chemin entre la confiture et la compote, se déguste en Turquie au petit déjeuner sur du pain blanc, ou encore à l'heure du thé, lorsque viennent les invités. Le *reçeli* peut être préparé avec des fruits de toutes sortes, mais nous vous présentons ici la version aux figues. Noires ou vertes, c'est une question de goût, l'important est qu'elles soient fraîches et savoureuses.

Mélangez 500 grammes de figues soigneusement lavées avec 500 grammes de sucre fin et laissez reposer une nuit. Le lendemain, recueillez le jus qui s'est formé et portez-le à ébullition avec 10 centilitres d'eau. Ajoutez les figues et le jus de 1/2 citron, puis laissez mijoter 30 minutes jusqu'à ce que le jus ait la consistance d'un sirop et que les figues soient bien moelleuses. Versez le mélange encore chaud dans des bocaux, fermez hermétiquement et laissez refroidir. Le *reçeli* de figues se conserve plusieurs mois dans un endroit sombre et frais.

Que signifie...

...tss, tss ?

Cette onomatopée est plus facile à décrire qu'à écrire. Il s'agit d'un claquement sec et répété de la langue contre les incisives, qui a lieu sur l'inspiration et pendant lequel on secoue presque automatiquement la tête d'un côté et de l'autre. « Tss, tss ! », donc, est l'une des expressions favorites de l'Orient. Utilisée pour marquer une désapprobation ou un étonnement légers, elle est renforcée par le haussement des sourcils, la fermeture des paupières ou le roulement des yeux. Elle peut également tenir lieu de « zut ! » fataliste lorsque les choses ne se déroulent pas comme prévu. Et si le propos est d'émettre une légère plainte sur le cours de la vie, elle est remplacée par un « woi, woi ! » plus chantant.

Gâteau au yaourt et au citron

Moelleux et sucré

Pour 1 moule (20 x 20 x 5 cm), soit environ 20 parts

2 citrons non traités

70 g de beurre

300 g de yaourt (grec, de préférence)

3 œufs moyens

50 g de miel

300 g de semoule de blé dur

1/2 sachet de levure chimique

1/2 cuillerée à café de cannelle

200 g de sucre

1 Brossez bien les citrons sous l'eau chaude et prélevez leur zeste. Pressez 1 citron et demi. Préchauffez le four à 180 °C (chaleur tournante : 160 °C, sans préchauffage).

2 Faites fondre le beurre dans une petite casserole, sans le laisser colorer. Badigeonnez le moule avec une partie de ce beurre. Mettez le yaourt, les œufs, le miel et le reste du beurre fondu dans une jatte. Fouettez bien le mélange au batteur électrique.

3 Mélangez le zeste de citron avec la semoule, la levure et la cannelle. À l'aide du batteur électrique, incorporez ce mélange au yaourt. Transférez la pâte dans le moule et enfournez 35 à 40 minutes à mi-hauteur, jusqu'à ce que le gâteau soit gonflé et doré.

4 Pendant ce temps, mettez le sucre, 30 centilitres d'eau et le jus de citron dans une casserole. Réchauffez à feu moyen jusqu'à ce que le sucre fonde. Faites cuire l'eau sucrée environ 15 minutes, jusqu'à épaississement. Ôtez du feu.

5 Sortez le gâteau du four et piquez-le de tous côtés avec une aiguille à brider ou à tricoter. Arrosez le gâteau avec le sirop et laissez refroidir. Laissez reposer au moins une demi-journée, jusqu'à ce que le moindre grain de semoule soit imbibé. Servez au sortir du réfrigérateur.

Préparation : 20 minutes (+ 40 minutes de cuisson et une demi-journée de repos)
Servir avec 1 cuillerée de crème fouettée ou 1 boule de glace (peu typique, mais divin)
145 calories la part

Dattes fourrées

Vite prêt, vite mangé

Pour 12 dattes

12 dattes charnues bien fraîches (+ si elles ne sont pas grosses)

1/2 orange non traitée

40 g de pistaches moulues (non salées !)

40 g d'amandes mondées moulues

1 cuillerée à soupe de miel

1 cuillerée à soupe de sucre

1 cuillerée à soupe d'eau de rose ou de fleur d'oranger

1 pincée de cannelle

12 amandes mondées

1 Dénoyautez les dattes.

2 Lavez la moitié d'orange sous l'eau chaude et râpez-en finement le zeste. Mélangez les pistaches et les amandes moulues avec le miel, le sucre, l'eau de fleur, le zeste d'orange et la cannelle. Divisez le mélange en 12 portions.

3 Modelez chaque portion en forme de boudin et fourrez-en les dattes. Enfoncez une amande entière dans chacune. C'est prêt !

Préparation : 15 minutes
90 calories par datte

Cornes de gazelle

De jolis croissants à la pâte d'amandes

Pour 60 cornes

Pour la garniture :

250 g d'amandes décortiquées

150 g de sucre

1 petit œuf

4 cuillerées à soupe d'eau de rose

Pour la pâte :

50 g de beurre

250 g de farine + un peu pour le plan de travail

1 pincée de sel

5 cl d'eau de fleur d'oranger

Pour la finition :

1 cuillerée à soupe de beurre fondu

sucre glace

1 Plongez les amandes dans de l'eau en ébullition et faites-les cuire environ 10 minutes. Transférez-les dans une passoire, rafraîchissez-les sous l'eau froide et mondez-les. (Vous pouvez acheter des amandes déjà mondées, mais c'est plus cher !) Étalez les amandes sur un linge et laissez-les sécher pendant quelques heures, voire une nuit.

2 Pour la pâte, faites fondre le beurre sans le laisser prendre couleur. Mélangez la farine et le sel. Ajoutez le beurre fondu, l'eau de fleur d'oranger et 5 centilitres d'eau. Pétrissez le tout jusqu'à obtention d'une pâte homogène. Cela peut prendre 10 minutes. Enveloppez la pâte dans un linge et laissez reposer pendant 30 minutes.

3 Pour la garniture, pilez les amandes mondées dans le robot ménager. Ajoutez le sucre et mixez le tout. Incorporez l'œuf, la cannelle et l'eau de rose.

4 Abaissez finement la pâte sur le plan de travail légèrement fariné. Découpez-la en bandes de 7 centimètres sur 4. Placez 1 cuillerée à café de pâte d'amandes sur chaque bande et moulez la pâte en forme de petit cigare moins large que la bande. Roulez les bandes en enfermant la pâte d'amandes et pincez les bords (avec les doigts farinés). Donnez une forme de croissant.

5 Tapissez la plaque du four de papier sulfurisé. Lorsque la moitié des cornes de gazelle est prête, préchauffez le four à 200 °C (chaleur tournante : 180 °C).

6 Rangez un tiers des cornes de gazelle sur la plaque et faites-les cuire 15 minutes à mi-hauteur du four. Badigeonnez les cornes chaudes de beurre et poudrez-les de sucre glace. Faites cuire les deux autres fournées.

Préparation : 1 heure 30 (+ 3 x 15 minutes de cuisson)
Servir avec du café fort
60 calories par corne

Sorbet à la rhubarbe

Il annonce le printemps

Pour 6 personnes

500 g de rhubarbe

125 g de sucre

2 cuillerées à soupe d'eau de rose

1 pincée de cannelle

2 gouttes de colorant alimentaire rouge

feuilles de menthe pour décorer

1 Lavez la rhubarbe, coupez les extrémités, ôtez les gros fils, puis émincez-la en lamelles.

2 Mettez la rhubarbe, le sucre et 15 centilitres d'eau dans une cocotte et faites chauffer. Réduisez le feu, couvrez et faites cuire 10 minutes.

3 Laissez tiédir la rhubarbe, puis mettez-la dans le mixeur avec son eau de cuisson. Réduisez en purée. Transférez dans une jatte métallique et remuez. Si la purée est filandreuse, tamisez-la.

4 Mélangez cette purée avec l'eau de rose, la cannelle et le colorant. Placez la jatte au congélateur et laissez prendre environ 4 heures. Remuez souvent pour que le sorbet prenne uniformément.

5 Avant de servir, laissez le sorbet 10 à 20 minutes à température ambiante. Servez-le dans des coupes et décorez de feuilles de menthe.

Préparation : 30 minutes (+ 4 heures de congélation)
Servir avec des cornes de gazelle (page 147)
90 calories la part

Variante

Sorbet au melon

Ôtez les pépins de 500 grammes de melon pelé. Coupez la chair en cubes et réduisez-la en purée avec 40 grammes de miel de couleur claire et 30 grammes de sucre glace. Incorporez le zeste râpé de 1/2 citron non traité, 2 cuillerées à soupe d'eau de fleur d'oranger et 1 petite pincée de coriandre moulue. Si cela vous dit, ajoutez quelques éclats de chocolat. Versez dans une jatte métallique et congelez environ 4 heures, en remuant souvent. Avant de servir, laissez décongeler un petit moment.

Granité à l'orange et au citron vert

Rafraîchissant après un repas copieux

Pour 4 personnes

5 oranges (dont 1 non traitée)

1 citron vert non traité

70 g de sucre

1/2 cuillerée à café de cannelle

2 cuillerées à soupe d'eau de fleur d'oranger

Pour servir :

feuilles de menthe

cannelle

1 Lavez l'orange non traitée et le citron vert sous l'eau chaude et râpez-en finement le zeste. Pressez toutes les oranges et le citron vert.

2 Faites chauffer le jus d'orange et de citron dans une casserole avec le sucre jusqu'à dissolution de celui-ci. Transférez dans une jatte métallique et incorporez la cannelle, l'eau de fleur d'orange et le zeste d'agrumes. Laissez refroidir.

3 Mettez la jatte au congélateur et laissez prendre 3 à 4 heures. Remuez de temps à autre, mais pas aussi souvent qu'un sorbet ou une crème glacée : le granité doit former des paillettes.

4 Avant de servir, cassez le granité en morceaux et répartissez-le dans des coupelles ou des verres. Décorez de feuilles de menthe, poudrez de cannelle et servez.

Préparation : 30 minutes (+ 3 ou 4 heures de congélation)
Servir avec des cornes de gazelle (page 147)
100 calories la part

Notre conseil

L'orange amère, en vente l été sur les marchés bien achalandés et dans certains magasins bio, ajoute un arôme très particulier au granité. Râpez une toute petite quantité de zeste et incorporez-le petit à petit au jus, en alternant avec le zeste d'orange normale. Goûtez très régulièrement pour être certain de ne pas trop en mettre : le granité prendrait un goût amer très désagréable.

Glace à la pistache

Une valeur sûre

Pour 4 personnes

150 g de pistaches décortiquées (non salées !)

60 cl de lait

1 orange non traitée

5 jaunes d'œufs

120 g de sucre

125 g de yaourt

2 cuillerées à soupe d'eau de fleur d'oranger

1 pincée de clous de girofle moulus

1 Hachez finement 2 cuillerées à soupe de pistaches et réservez-les. Râpez finement le reste (à la râpe ou dans le robot). Mélangez les pistaches et le lait dans une casserole et faites chauffer. Dès le point d'ébullition, ôtez la casserole du feu et laissez infuser environ 30 minutes.

2 Tapissez une passoire d'un linge. Versez le lait à la pistache et égouttez-le. Essorez le linge pour en exprimer le liquide.

3 Lavez l'orange sous l'eau chaude et râpez-en finement le zeste. Pressez le jus. Remettez le lait à la pistache dans la casserole et réchauffez-le.

4 Mettez les jaunes d'œufs et le sucre dans une jatte métallique et fouettez le mélange au batteur électrique. Incorporez le lait chaud par petites quantités en fouettant.

5 Mettez cette crème dans la casserole et réchauffez-la, en remuant sans cesse : les jaunes ne doivent surtout pas cuire. Réchauffez jusqu'à épaississement. Remettez la crème dans la jatte et laissez tiédir.

6 Incorporez à la crème les pistaches hachées, le zeste et le jus d'orange, le yaourt, l'eau de fleur d'oranger et les clous de girofle. Placez la jatte au congélateur et laissez prendre environ 4 heures. Remuez souvent pour que les pistaches se répartissent dans la glace et que celle-ci soit homogène.

Préparation : 50 minutes (+ 4 heures de congélation)
Servir avec une salade d'ananas accompagnée de dattes et de graines de grenade
565 calories la part

Yaourt aux figues et au miel

Idéal au petit déjeuner

Pour 4 personnes

- 100 g de figues sèches
- 1/2 citron non traité
- 1 cuillerée à soupe de beurre
- 50 g d'amandes concassées et de pignons de pin mélangés
- 4 cuillerées à soupe de miel liquide
- 400 g de yaourt crémeux (turc, grec ou au lait de brebis)
- 1/2 cuillerée à café de cannelle

1 Coupez les figues en dés. Lavez la moitié de citron sous l'eau chaude et râpez finement son zeste. Pressez le jus.

2 Faites fondre le beurre dans une casserole. Ajoutez les amandes et les pignons de pin et faites-les dorer à feu moyen jusqu'à ce qu'ils soient odorants. Ajoutez les figues et faites revenir un instant. Incorporez le zeste et le jus de citron, ainsi que 2 cuillerées à soupe de miel. Ôtez du feu et laissez refroidir.

3 Incorporez le yaourt au mélange à la figue et répartissez le dessert dans des coupelles. Arrosez du reste de miel et poudrez de cannelle.

Préparation : 20 minutes
335 calories la part

Variante

Figues fraîches à la sauce au miel

Lavez 8 figues fraîches et taillez-en la pointe. Coupez les figues en quatre. Si la peau est épaisse, ôtez-la. Sinon, mettez les quartiers dans des coupes ou sur des assiettes. Concassez 100 grammes de cerneaux de noix. Faites fondre 1 cuillerée à soupe de beurre avec 1 cuillerée à soupe de sucre dans une poêle. Remuez jusqu'à ce que le sucre ait fondu. Incorporez les noix et faites-les revenir jusqu'à ce qu'elles soient luisantes et odorantes. Disposez-les sur les figues ou à côté. Mettez 3 cuillerées à soupe de miel et 2 ou 3 cuillerées à soupe de jus de citron dans la poêle et remuez bien. Vous pouvez ajouter un peu d'eau de fleur d'oranger. Arrosez les figues avec la sauce et servez. Vous pouvez servir aussi un peu de yaourt ou de fromage blanc.

Crème d'amandes et oranges au sirop

Peut se préparer à l'avance

Pour 4 personnes

Pour la crème d'amandes :

- 50 g d'amandes en poudre
- 50 g de farine de riz (en magasin bio)
- 55 cl de lait
- 1 jaune d'œuf
- quelques gouttes d'extrait d'amande amère
- 80 g de sucre

Pour les oranges :

- 6 oranges (dont 1 non traitée)
- 50 g de sucre
- 1 cuillerée à soupe d'eau de fleur d'oranger

1 Pour la crème d'amandes, mélangez les amandes et la farine de riz avec 15 centilitres de lait. Ajoutez le jaune d'œuf. Faites chauffer le reste du lait, l'extrait d'amande et le sucre dans une casserole. Lorsque le lait bout, ôtez la casserole du feu et incorporez-y le mélange aux amandes et à la farine à l'aide d'un fouet.

2 Réduisez le feu et remettez la casserole dessus. Réchauffez la crème pendant environ 5 minutes, jusqu'à épaississement. Remuez sans cesse et ne laissez pas cuire. Versez la crème d'amandes dans des coupes et laissez refroidir. Réfrigérez au moins 2 heures.

3 Pour les oranges au sirop, lavez l'orange non traitée. Prélevez-en le zeste et coupez-le en très fines lanières. Pressez 2 oranges. Pelez les autres à vif. Prélevez les quartiers d'orange et mettez-les dans une assiette.

4 Mettez le sucre dans une casserole et faites-le chauffer sur feu moyen jusqu'à ce qu'il fonde. Incorporez le zeste et le jus d'orange et portez à ébullition. Le sucre va durcir rapidement, puis fondre à nouveau. Faites épaissir le mélange. Laissez refroidir un peu, puis incorporez l'eau de fleur d'oranger. Arrosez les oranges du sirop. Réfrigérez 1 ou 2 heures. Servez avec la crème d'amandes.

Préparation et cuisson : 30 minutes (+ 2 heures de réfrigération)
400 calories la part

Crème au yaourt et à l'abricot

Elle aime le pain !

Pour 4 personnes

300 g d'abricots secs et non traités au soufre

2 cuillerées à soupe de sucre

50 g de pistaches décortiquées ou de pignons de pin

1/2 citron non traité

250 g de yaourt

1 cuillerée à café de cannelle

1 Coupez les abricots en cubes. Mettez-les dans une cocotte et couvrez-les de 25 centilitres d'eau. Laissez macérer 2 heures, puis posez sur le feu et réchauffez. Incorporez le sucre.

2 Réduisez le feu, couvrez et faites cuire les abricots 15 minutes à petits frémissements, jusqu'à ce qu'ils soient tendres.

3 Égouttez les abricots en réservant le liquide.

4 Hachez bien fin les pistaches ou les pignons de pin. Vous pouvez les griller à sec rapidement en remuant sans cesse. Lavez la moitié de citron sous l'eau chaude et râpez-en finement le zeste. Pressez le jus.

5 Mixez les abricots, la moitié du yaourt et le jus de citron ou passez le tout au presse-purée. Si la crème est trop ferme, allongez-la d'un peu d'eau de cuisson des abricots. Incorporez les pistaches ou les pignons de pin hachés, le zeste de citron et la cannelle. Mélangez bien. Répartissez la crème dans des coupelles. Servez le reste du yaourt à part ou ajoutez-en 1 cuillerée à soupe dans chaque coupelle.

Préparation et cuisson : 30 minutes (+ 2 heures de marinade)
Servir avec des cornes de gazelle (page 147)
325 calories la part

Riz au safran sucré

En Turquie, il termine un repas de mariage

Pour 4 personnes

150 g de riz rond

1 coing (ou 1 pomme ou 1 poire)

80 g de sucre

1 dose de filaments de safran (0,2 g)

1 cuillerée à soupe de jus de citron

1 cuillerée à soupe de pistaches

1 cuillerée à soupe d'amandes concassées

1 cuillerée à soupe de pignons de pin

50 g de raisins secs

1 grenade

1 Mettez le riz dans une passoire et lavez-le bien sous l'eau froide. Égouttez-le, puis mettez-le dans une cocotte avec 50 centilitres d'eau.

2 Frottez le coing avec un linge pour éliminer le duvet. Coupez-le en quatre et ôtez le noyau à l'aide d'un couteau pointu. Pelez le coing et coupez la chair en dés.

3 Ajoutez le coing et le sucre dans la cocotte et faites chauffer. Couvrez, réduisez le feu et laissez cuire le riz 15 minutes.

4 Faites tremper le safran dans 4 cuillerées à soupe d'eau tiède et laissez infuser jusqu'à ce que l'eau soit jaune. Versez cette eau safranée sur le riz, mélangez bien et faites cuire environ 10 minutes supplémentaires, jusqu'à ce que le riz soit tendre.

5 Incorporez le jus de citron au riz puis versez dans des coupelles et laissez refroidir. Hachez finement les pistaches. Faites-les griller 1 à 2 minutes à sec dans une poêle, avec les amandes et les pignons de pin, et remuez sans cesse. Lavez les raisins secs sous l'eau chaude et égouttez-les bien.

6 Coupez la grenade en deux et cassez les moitiés en morceaux. Prélevez les graines rouges avec les doigts et éliminez les membranes blanches amères.

7 Avant de servir, parsemez le riz safrané avec les pistaches, les amandes, les pignons de pin, les raisins secs et les graines de grenade.

Préparation et cuisson : 50 minutes
350 calories la part

Variantes

Couscous sucré

Dans une passoire, lavez à l'eau tiède 100 grammes de raisins ou d'abricots secs coupés en dés. Portez à ébullition 25 centilitres d'eau additionnée de 2 cuillerées à soupe de sucre et de 1 pincée de sel. Incorporez 200 grammes de couscous précuit, couvrez et laissez gonfler 5 minutes hors du feu. Mélangez-y les raisins secs ou les abricots, le zeste râpé de la 1/2 orange non traitée et 2 cuillerées à café de cannelle. Transférez le couscous dans des moules rincés à l'eau froide, tassez légèrement et démoulez sur les assiettes. Mélangez 250 grammes de beurre clarifié fondu avec un peu de sucre et de cannelle et faites couler le mélange tout autour du couscous. Décorez de feuilles de menthe.

Couscous aux fruits

Préparez le couscous comme ci-dessus. Incorporez le jus de 1 orange et 1 cuillerée à soupe de miel puis laissez refroidir. Pelez à vif 1 orange. Ôtez la peau des quartiers et coupez la chair en dés. Dénoyautez 10 dattes fraîches charnues et 10 pruneaux. Coupez les dattes en lanières et les pruneaux en dés. Coupez 1 grenade en deux, cassez-la en morceaux et prélevez les graines. Incorporez les fruits au couscous. Parsemez d'amandes effilées grillées et poudrez d'un peu de cannelle.

Conseil

Vous pouvez remplacer le riz ou le couscous par du boulgour fin. Faites-le cuire comme le couscous précuit mais avec un peu plus d'eau, et faites gonfler deux fois plus longtemps.

Briouats aux fruits

Pour faire de doux rêves

Pour environ 22 *briouats*

100 g d'abricots secs

150 g de dattes fraîches charnues

3 oranges (dont 1 non traitée)

1/2 citron non traité

150 g d'amandes mondées

80 g de raisins secs

1/2 cuillerée à café de cannelle

50 g de beurre

2 ou 3 feuilles de pâte *yufka* ou *filo*

100 g de miel

1 Coupez les abricots en dés et mettez-les dans une jatte. Arrosez d'eau tiède et laissez tremper 15 minutes. Ouvrez les dattes et dénoyautez-les.

2 Lavez sous l'eau chaude l'orange non traitée et le citron. Râpez-en finement le zeste. Pressez toutes les oranges et la moitié du citron (vous devez obtenir 30 centilitres de jus). Faites griller les amandes à sec sur feu moyen dans une poêle, en remuant sans cesse.

3 Égouttez les abricots et réduisez-les en purée avec les dattes, les amandes et 10 centilitres de jus d'agrumes. Incorporez les raisins secs, la cannelle et le zeste d'agrumes. Faites fondre le beurre sans coloration.

4 Séparez les feuilles de pâte avec précaution. Découpez-les en bandes d'environ 10 centimètres sur 25. Badigeonnez-les de beurre fondu.

5 Voici maintenant comment former des triangles avec des bandes. On commence par la gauche : étalez 1 cuillerée à soupe de garniture sur le premier tiers d'une bande, en bas à droite. Rabattez le bord supérieur gauche vers le bas à droite, sur la garniture. Vous obtenez un triangle. Repliez le triangle vers le haut, puis à nouveau vers la droite. Rabattez le dernier morceau de pâte sur le triangle. (Cette opération est illustrée à la page 65.)

6 Préchauffez le four à 200 °C (chaleur tournante : 180 °C, sans préchauffage). Tapissez la plaque du four de papier sulfurisé. Rangez les triangles sur la plaque et badigeonnez-les du reste du beurre fondu. Enfournez-les 12 à 15 minutes à mi-hauteur, jusqu'à ce qu'ils soient bien dorés.

7 Portez à ébullition le miel et le reste du jus d'agrumes dans une casserole. Laissez bouillir quelques minutes. Plongez les *briouats* l'un après l'autre dans ce sirop. Ôtez-les à l'aide d'une écumoire et laissez-les refroidir sur une grille.

Préparation et cuisson : 1 heure

Servir avec des fruits frais : oranges, abricots, pêches, fraises ou cerises

130 calories par briouats

C'est bon aussi :

Au lieu de former des triangles, coupez la pâte garnie en morceaux et modelez-la en petits rouleaux. Faites frire les rouleaux dans de l'huile très chaude 3 à 4 minutes. Égouttez sur du papier absorbant et servez tiède sans sirop.

Variantes

Garniture aux dattes

Fendez 300 grammes de dattes fraîches charnues et dénoyautez-les. Coupez-les en cubes et réduisez-les en purée au mixeur ou à la moulinette avec 2 cuillerées à soupe d'eau de fleur d'oranger. Incorporez le zeste râpé de 1 orange non traitée, 1/2 à 1 cuillerée à café de cannelle et 1 pincée de piment moulu, puis 1 blanc d'œuf. Garnissez les bandes de pâte, faites cuire et trempez dans le sirop.

Garniture aux amandes

Mettez 250 grammes d'amandes dans une casserole d'eau et faites-les blanchir environ 5 minutes, puis égouttez-les et rincez-les bien sous l'eau froide. Pelez les amandes et coupez-les en morceaux. Réduisez-les en pâte dans le mixeur avec 100 grammes de miel liquide et 5 centilitres d'eau de fleur d'oranger. Incorporez le zeste râpé de 1/2 citron non traité et 1 gros œuf. Assaisonnez d'un peu de cannelle. Garnissez les bandes de pâte, faites cuire et trempez dans le sirop.

Baklava

De quoi régaler toute une troupe

Pour 8 à 10 personnes

200 g de cerneaux de noix

200 g d'amandes mondées

2 blancs d'œufs

50 g de sucre

1 cuillerée à café de cannelle

2 cuillerées à soupe d'eau de fleur d'oranger

100 g de beurre

300 g de pâte *yufka* ou *filo*

50 g de pistaches décortiquées

Pour imbiber :

3 oranges

1 citron

200 g de miel

1 Hachez très finement ou râpez les noix et les amandes. Montez les blancs d'œufs en neige ferme en incorporant petit à petit le sucre et la cannelle. Incorporez les noix, les amandes et l'eau de fleur d'oranger.

2 Préchauffez le four à 180 °C (chaleur tournante : 160 °C, sans préchauffage). Faites fondre le beurre sans coloration. Prenez un grand plat à four carré. Séparez les feuilles de pâte avec précaution et découpez-les aux dimensions du plat.

3 Badigeonnez le plat d'un peu de beurre. Tapissez-le d'une feuille de pâte, puis superposez une autre feuille. Beurrez à nouveau, puis recouvrez d'une fine couche de garniture aux noix. Recouvrez alternativement de 2 feuilles de pâte beurrée et de garniture, en terminant par la pâte. N'oubliez pas de beurrer chaque feuille. À l'aide d'un couteau bien aiguisé, prédécoupez des carrés de 5 centimètres sur 5. Enfournez le *baklava* environ 40 minutes à mi-hauteur, jusqu'à ce qu'il soit bien doré.

4 Hachez finement les pistaches. Pressez les oranges et le citron, et faites chauffer le jus dans une casserole avec le miel. Laissez refroidir légèrement le sirop au miel, puis arrosez-en le *baklava*. Parsemez de pistaches et laissez imbiber au moins une nuit.

Préparation : 30 minutes (+ 40 minutes de cuisson et 1 nuit de repos)
600 calories la part (pour 10 parts)

C'est bon aussi :

Si vous n'appréciez pas le miel ou si avez oublié d'en acheter, préparez un sirop sans miel : mélangez le jus d'agrumes avec 40 centilitres d'eau et 200 grammes de sucre, et portez à ébullition. Laissez frémir jusqu'à obtenir un sirop épais mais fluide. Arrosez-en le *baklava*.
Vous pouvez par ailleurs employer de la pâte feuilletée au lieu de la pâte *yufka*. Achetez-la surgelée et faites-la décongeler. Abaissez-la le plus finement possible sur une surface légèrement farinée. Procédez ensuite de la même façon, mais sans superposer les feuilles de pâte deux par deux.

Index A - Z

A

Abricots 10, 19
- Blancs de poulet farcis aux dattes 117
- *Briouats* aux fruits 154
- Couscous sucré 152
- Crème au yaourt et à l'abricot 151
- Ragoût d'agneau pimenté 98
- Riz safrané aux abricots 100

Agneau
- *Briouats* farcis à la viande hachée 64
- *Chiches-kebabs* 124
- Cornet oriental 63
- Gratin de pâtes 109
- *Kebab* au wok 66
- *Kebabs* mixtes 125
- *Kibbeh* 126
- Légumes farcis 82
- *Manti* 106
- Pizza turque à la viande hachée 62
- Ragoût d'agneau à la pêche 121
- Ragoût d'agneau à la rhubarbe 120
- Ragoût d'agneau au yaourt 121
- Ragoût d'agneau pimenté 98
- Rôti d'agneau 120
- Rouleaux de boulgour turcs 126
- Rouleaux de chou arabes 83
- Soupe de boulgour à l'agneau 105
- Soupe de haricots à l'agneau 89
- Soupe de ramadan 127
- Spaghetti à la viande hachée et sauce au yaourt 106
- Tajine d'agneau aux coings 122
- Tajine d'agneau aux pruneaux 122
- Tajine de haricots blancs et boulettes de viande 88

Ail 10
- Betterave au yaourt 48
- *Briouats* farcis à la viande hachée 64
- Courgettes à la *charmoula* 78
- Dorades au four 134
- Épinards, raisins secs et pignons de pin 78
- Gratin de pâtes 109
- *Imam bayildi* 76
- Légumes farcis 82
- Œufs au plat sur lit de légumes 81
- *Manti* 106
- Pâte de poivrons pimentée 40
- Pâtes aux herbes et à la viande 108
- Pois chiches à l'épaule de veau 90
- Poisson en sauce à l'ail 138
- Pommes de terre pimentées 80
- Pot-au-feu de poisson 98
- Poulet rôti à l'orientale 115
- Purée de pois chiches 87
- Ragoût d'agneau au yaourt 121
- Ragoût d'agneau pimenté 98
- Ragoût de poisson au citron vert 135
- Salade de carottes au miel 50
- Salade de légumes chauds 53
- Salade de pommes de terre à l'orientale 80
- Sardines grillées à la *charmoula* 132
- Soupe de boulgour à l'agneau 105
- Tajine de haricots blancs et boulettes de viande 88

Amandes 19
- *Baklava* 155
- *Briouats* aux fruits 154
- *Briouats* fourrés aux amandes 155
- Cornes de gazelle 147
- Crème d'amandes et oranges au sirop 150
- Dattes fourrées 147
- Lait d'amandes 112
- Poisson en sauce à l'ail 138
- Riz à l'oignon et à la pistache 101
- Tajine d'agneau aux pruneaux 122
- Yaourt aux figues et au miel 150

Aneth 13
- *Kebab* au wok 66
- Yaourt à la carotte et à l'aneth 43

Artichaut 17
- Artichauts au citron confit au sel 88
- Soupe d'artichaut froide 86

Aubergine 10, 17
- Aubergines aux tomates et à la grenade 77
- *Babaganoush* 38
- Crème d'aubergines à la grenade 39
- Crème d'aubergines à la tomate 39
- Crème d'aubergines au yaourt 39
- Gratin de riz à l'aubergine 102
- *Imam bayildi* 76
- Légumes farcis 82
- Œufs au plat sur lit de légumes 81
- Potée aux sept légumes 99
- Salade de légumes chauds 53

B

Babaganoush 39

Babeurre
- Couscous sucré 152
- Pâtes aux herbes et à la viande 108

Baklava 155

Berberis
- Riz au berberis 101
- Salade verte au berberis 47
- Betterave au yaourt 48

Bœuf
- Boulettes de bœuf au riz 124
- *Briouats* farcis à la viande hachée 64
- Cornet oriental 63
- *Kebab* au wok 66
- Gratin de pâtes 109
- *Kebabs* mixtes 125
- Pâtes aux herbes et à la viande 108
- Ragoût de bœuf 119
- Soupe de ramadan 127
- Soupe de yaourt aux boulettes de viande 105
- Spaghetti à la viande hachée et sauce au yaourt 106
- Tajine de haricots blancs et boulettes de viande 88

Boulgour 15
- Cornet oriental 63
- *Kibbeh* 126
- Pilaf de boulgour 104
- Rouleaux de boulgour turcs 126
- Rouleaux de chou arabes 83
- Taboulé 55

Briouats
- *Briouats* aux fruits 154
  - amandes (garniture aux) 155
  - dattes (garniture aux) 154
- *Briouats* farcis à la viande hachée 64
  - poulet (farce au) 65
  - pomme de terre (farce à la) 65
  - thon (farce au) 65
- Brochettes (voir *chiches-kebabs*) 124

C

Canard en sauce grenade et noix 118

Carottes
- Dorades au four 134
- *Kefte* aux légumes 68
- Potée aux sept légumes 99
- Purée de carottes 41
- Salade de carottes à l'orange 50
- Salade de carottes au miel 50
- Salade de carottes aux graines de grenade 50
- Soupe de lentilles roses 91
- Yaourt à la carotte et à l'aneth 43

Cerises
- Riz au poulet et aux cerises 103

Charmoula
- Courgettes à la *charmoula* 78
- Olives à la *charmoula* 45

Chiches-kebabs (brochettes) 124
- *Kebabs* mixtes 125
- *Kebabs* de poisson aux oranges pimentées 140

Chou blanc
- Potée aux sept légumes 99
- Rouleaux de chou arabes 83

Chou-fleur
- Salade jaune au chou-fleur 52
- Salade rouge au chou-fleur 53

Chou-rave
- *Kefte* aux légumes 68

Ciboulette
- Pâtes aux herbes et à la viande 108

Citron 10
- Gâteau au yaourt et au citron

Citron confit au sel 13, 19, 131 (recette)
- Artichauts au citron confit au sel 88
- Poivrons au citron confit au sel 44
- Pot-au-feu de poisson 98
- Rôti d'agneau 120
- Tajine de poulet aux olives et au citron confit au sel 114

Citron vert 19
- Granité à l'orange et au citron vert 148
- Ragoût de poisson au citron vert 135

Coings 19
- Riz au safran sucré 152
- Tajine d'agneau aux coings 122

Concombre
- Salade de concombre à la grenade 48
- Soupe de concombre 86
- Yaourt au concombre et aux raisins secs 43

Cornes de gazelle 147

Courgettes 17
- Beignets aux courgettes 70
- Courgettes à la *charmoula* 79

Couscous 15
Couscous à la cocotte 97
Couscous à la vapeur 96
Couscous à l'orge 97
Couscous aux fruits 152
Couscous précuit 29
Couscous sucré 152
Taboulé 55
Crevettes épicées 140

D

Dattes 19
Blancs de poulet farcis aux dattes 117
Briouats aux fruits 154
Dattes fourrées 147
Encornets grillés à la pâte de dattes 141
Garniture aux dattes 154
Pois chiches à l'épaule de veau 90
Potiron aux dattes et à l'épinard 84
Riz safrané aux abricots 100
Salade d'oranges aux dattes 46
Dorades au four 134

E

Eau de rose 13
Cornes de gazelle 147
Dattes fourrées 147
Sorbet à la rhubarbe 148
Encornets grillés à la pâte de dattes 141
Épinards 17
Épinards au persil 42
Épinards au yaourt 42
Épinards, raisins secs et pignons de pin 78
Gâteau de verdure 70
Pâtes aux herbes et à la viande 108
Pois chiches à l'épaule de veau 90
Potiron aux dattes et à l'épinard 84
Tourte aux épinards et à la feta 69

F

Falafels 68
Fattouche 15, 54
Fava 41
Feta (Fromage au lait de brebis)
Crème au fromage de brebis 41
Feta marinée 45
Gratin de pâtes 109
Melon et feta à la tapenade 47
Pâtes au poireau et à la feta 108
Pizza au fromage de brebis 62
Rouleaux au fromage de brebis 64
Salade du berger turc 49
Tourte aux épinards et à la feta 69
Fèves des marais 17
Foul 90
Figue 18, 19
Figues fraîches à la sauce au miel 150
Ragoût d'agneau pimenté 98
Filets de poisson en sauce au sésame 139
Filo (pâte) 15
Baklava 155
Briouats aux dattes 154
Briouats aux fruits 154
Briouats farcis à la pomme de terre 65
Briouats farcis à la viande hachée 64
Briouats farcis au poulet 65
Briouats farcis au thon 65
Briouats fourrés aux amandes 155
Dorades au four 134
Filets de poisson en sauce au sésame 139
Kebabs de poisson aux oranges pimentées 140
Poisson en sauce à l'ail 138
Poisson en sauce à la grenade 138
Poisson sur lit de riz aux olives 134
Pot-au-feu de poisson 98
Ragoût de poisson au citron vert 135
Rouleaux au fromage de brebis 64
Fleur d'oranger (eau de) 13
Baklava 155
Briouats fourrés aux dattes 154
Briouats fourrés aux amandes 155
Crème d'amandes et oranges au sirop 150
Cornes de gazelle 147
Cornet oriental 63
Dattes fourrées 147
Glace à la pistache 149
Granité à l'orange et au citron vert 148
Petits pains sucrés 61
Salade de carottes à l'orange 50
Salade d'oranges aux dattes 46
Sorbet au melon 148
Foies de volaille
Foies de volaille à la turque 119
Foies de volaille pimentés 118
Foul 90
Fromage au lait de brebis (voir Feta)
Fruits 18, 19
Briouats aux fruits 154
Couscous aux fruits 152

G

Gâteau au yaourt et au citron
Glace à la pistache 149
Graines de tournesol 19
Salade jaune au chou-fleur 52
Salade rouge au chou-fleur 53
Grenade 13, 19
Aubergines aux tomates et à la grenade 77
Canard en sauce grenade et noix 118
Couscous aux fruits 152
Crème d'aubergines à la grenade 39
Maquereaux farcis 136
Poisson en sauce à la grenade 138
Riz au safran sucré 152
Salade de carottes aux graines de grenade 50
Salade de concombre à la grenade 48
Grenadine 19
Canard en sauce grenade et noix 118
Soupe de haricots à l'agneau 89

H

Haricots 17
Falafels 68
Fava 41
Foul 90
Salade de haricots verts à la menthe 52
Soupe de haricots à l'agneau 89
Soupe de ramadan 127
Soupe verte aux légumes et au pain 86
Tajine de haricots blancs et boulettes de viande 88
Haricots verts 17
Gâteau de verdure 70
Salade de haricots verts à la menthe 52
Soupe verte aux légumes et au pain 86
Harissa 13, 95 (recette)
Briouats avec farce au thon 65
Crevettes épicées 140
Houmous à l'avocat 41
Œufs brouillés à l'orientale 81
Pâte de poivrons aux noix 39
Pois chiches à l'épaule de veau 90
Pot-au-feu de poisson 98
Potiron aux dattes et à l'épinard 84
Purée de carottes 41
Ragoût de bœuf 119
Rôti d'agneau 120
Salade de tomates rôties 49
Sandwich tunisien 62
Houmous 40
Cornet oriental 63
Houmous à l'avocat 41

I/K

Imam bayildi 76
Kebabs mixtes 125
Kefte aux légumes 68
Kibbeh 126

L

Légumes farcis 82
Lentilles 11, 17
Pâtes aux herbes et à la viande 108
Soupe de ramadan 127
Soupe de yaourt aux boulettes de viande 105
Lentilles roses 17
Soupe de lentilles roses 91
Soupe de yaourt aux boulettes de viande 105

M

Manti 106
Maquereaux farcis 136
Melon 19
Melon et feta à la tapenade 47
Sorbet au melon 148
Menthe 11, 13
Salade de haricots verts à la menthe 52
Thé à la menthe 20, 21, 36 (recette)
Miel 11
Baklava 155
Briouats avec garniture aux amandes 155
Briouats avec garniture aux dattes 154
Briouats aux fruits 154
Figues fraîches à la sauce au miel 150
Gâteau au yaourt et au citron 146
Oignons safranés au miel 44
Poulet et tomates au miel 116

Salade de carottes au miel 50
Sorbet au melon 148
Yaourt aux figues et au miel 150

N

Navets 17
Kefte aux légumes 68
Potée aux sept légumes 99
Noix 19
Aubergines aux tomates et à la grenade 77
Baklava 155
Canard en sauce grenade et noix 118
Crème d'aubergines au yaourt 39
Figues fraîches à la sauce au miel 150
Maquereaux farcis 136
Pâte de poivrons aux noix 39
Pois chiches à l'épaule de veau 90
Poisson en sauce à l'ail 138
Poulet à la circassienne 116
Rouleaux de boulgour turcs 126
Tajine de haricots blancs et boulettes de viande 88
Yaourt au concombre et aux raisins secs 43

O

Œufs
Œufs au plat sur lit de légumes 81
Œufs brouillés à l'orientale 81
Gâteau au yaourt et au citron 146
Gâteau de pommes de terre 71
Gâteau de verdure 70
Glace à la pistache 149
Gratin de pâtes 109
Oignons 17
Oignons au tamarin 45
Oignons safranés au miel 44
Okras 17
Okras à la tomate 79
Ragoût de bœuf 119
Olives
Melon et feta à la tapenade 47
Olives à la *charmoula* 45
Poisson en sauce à l'ail 138
Poisson sur lit de riz aux olives 134
Salade d'oranges et de tomates aux olives 47
Tajine de poulet aux olives et au citron confit au sel 114
Oranges 18, 19
Briouats aux fruits 154
Briouats fourrés aux amandes 155
Crème d'amandes et oranges au sirop 150
Granité à l'orange et au citron vert 148
Kebabs de poisson aux oranges pimentées 140
Salade de carottes à l'orange 50
Salade d'oranges aux dattes 46
Salade d'oranges et de tomates aux olives 47

P

Pain 14, 15
Poisson en sauce à l'ail 138
Poulet à la circassienne 116
Salade au pain 54
Soupe verte aux légumes et au pain 86
Soupe de lentilles roses 91
Pâte de poivrons pimentée 40
Pâte *yufka* (voir *Yufka*)
Pâtes
Gratin de pâtes 109
Pâtes au poireau et à la feta 108
Pâtes aux herbes et à la viande 108
Pêche
Ragoût d'agneau à la pêche 121
Persil
Épinards au persil 42
Petits pains sucrés 61
Pignons de pin 19
Crème au yaourt et à l'abricot 151
Épinards, raisins secs et pignons de pin 78
Kibbeh 126
Légumes farcis 82
Manti 106
Maquereaux farcis 136
Pilaf de poulet aux légumes 102
Poisson en sauce à l'ail 138
Purée de pois chiches 87
Ragoût d'agneau au yaourt 121
Riz à l'oignon et à la pistache 101
Salade jaune au chou-fleur 52
Salade rouge au chou-fleur 53
Yaourt aux figues et au miel 150
Pilaf
Pilaf de boulgour 104
Pilaf de poulet aux légumes 102
Piment 13
Foies de volaille pimentés 118
Kebabs de poisson aux oranges pimentées 140
Pâte de poivrons pimentée 40
Pommes de terre pimentées 80
Ragoût d'agneau pimenté 98
Pistaches 10
Glace à la pistache 149
Riz à l'oignon et à la pistache 101
Salade verte à la pistache 47
Pita 15, 60 (recette)
Kebab au wok 66
Pita à la farine complète 61
Pita à la poêle 61
Pita au beurre 61
Pita au sumac 61
Salade au pain 54
Sandwich tunisien 62
Soupe verte aux légumes et au pain 86
Pizza au fromage de brebis 62
Pizza turque à la viande 62
Poireau
Pâtes au poireau et à la feta 108
Soupe verte aux légumes et au pain 86
Pois chiches 17
Falafels 68
Houmous 40
Pâtes aux herbes et à la viande 108
Pois chiches à l'épaule de veau 90
Purée de pois chiches 87
Ragoût d'agneau pimenté 98
Salade de pois chiches 54
Soupe de ramadan 127
Petites galettes 61
Potée aux sept légumes 99
Poisson
Dorades au four 134
Filets de poisson en sauce au sésame 139
Kebabs de poisson aux oranges pimentées 140
Poisson en sauce à la grenade 138
Poisson en sauce à l'ail 138
Poisson sur lit de riz aux olives 134
Pot-au-feu de poisson 98
Ragoût de poisson au citron vert 135
Rougets en feuilles de vigne 133
Sardines grillées à la *chermoula* 132
Truites au four 136
Poivron 17
Salade au pain 54
Pilaf de boulgour 104
Œufs au plat sur lit de légumes 81
Poisson sur lit de riz aux olives 134
Dorades au four 134
Foul 90
Légumes farcis 82
Poivrons grillés 44
Salade de pois chiches 54
Poivrons au citron confit au sel 44
Pâte de poivrons aux noix 39
Pâte de poivrons pimentée 40
Chiches-kebabs 124
Sandwich tunisien 62
Salade de légumes chauds 53
Pommes de terre
Briouats farcis à la pomme de terre 65
Dorades au four 134
Gâteau de pommes de terre 71
Kebabs de poisson aux oranges pimentées 140
Kebabs mixtes 125
Pommes de terre pimentées 80
Riz persan avec croûte de pommes de terre 100
Salade de pommes de terre à l'orientale 80
Pot-au-feu de poisson 98
Potée aux sept légumes 99
Potiron 17
Potiron aux dattes et à l'épinard 84
Poulet
Blancs de poulet farcis aux dattes 117
Briouats farcis à la viande hachée 64
Kebabs mixtes 125
Poulet à la circassienne 116
Poulet et tomates au miel 116
Poulet rôti à l'orientale 115
Pilaf de poulet aux légumes 102
Riz au poulet et aux cerises 103
Tajine de poulet aux olives et au citron confit au sel 114
Pruneaux
Tajine d'agneau aux pruneaux 122

R

Ragoût d'agneau pimenté 98
Ras-el-hanout 13, 113 (recette)
Artichauts au citron confit au sel 88
Blancs de poulet farcis aux dattes 117
Briouats farcis à la pomme de terre 65
Courgettes à la *charmoula* 78

Dorades au four 134
Potée aux sept légumes 99
Ragoût d'agneau pimenté 98
Sardines grillées à la *charmoula* 132
Tajine d'agneau aux coings 122
Tajine d'agneau aux pruneaux 122
Tajine de haricots blancs et boulettes de viande 88
Rhubarbe
Ragoût d'agneau à la rhubarbe 120
Sorbet à la rhubarbe 148
Riz 15
Boulettes de bœuf au riz 124
Gratin de riz à l'aubergine 102
Poisson sur lit de riz aux olives 134
Riz à l'oignon et à la pistache 101
Riz persan avec croûte de pommes de terre 100
Riz au berberis 101
Riz au poulet et aux cerises 103
Riz au safran sucré 152
Riz safrané aux abricots 100
Soupe de ramadan 127
Soupe de riz au yaourt 104
Tchelo (riz persan) 100
Rougets en feuilles de vigne 133
Raisins secs
Briouats aux fruits 154
Couscous sucré 152
Épinards, raisins secs et pignons de pin 78
Ragoût d'agneau pimenté 98
Riz au berberis 101
Riz au safran sucré 152
Yaourt au concombre et aux raisins secs 43
Rougets en feuilles de vigne 133
Rouleaux de boulgour turcs 126
Rouleaux de chou arabes 83

S

Safran 13
Oignons safranés au miel 44
Riz au safran sucré 152
Riz safrané aux abricots 100
Salades
Salade au pain 54
Salade de haricots verts à la menthe 52
Salade de légumes chauds 53
Salade de pois chiches 54
Salade de pommes de terre à l'orientale 80
Salade de tomates au piment 49
Salade de tomates rôties 49
Salade du berger turc 49
Salade jaune au chou-fleur 52
Salade rouge au chou-fleur 53
Salade verte à la pistache 47
Salade verte au berberis 47
Sandwich tunisien 62
Sardines 11
Sardines grillées à la *charmoula* 132
Sésame 10
Babaganoush 38
Kebab au wok 66
Filets de poisson en sauce au sésame 139
Houmous 40
Houmous à l'avocat 41
Petites couronnes au sésame 61
Petites galettes 61
Pita 60
Pita à la farine complète 61
Poulet et tomates au miel 116
Purée de pois chiches 87
Salade rouge au chou-fleur 53
Semoule 15
Gâteau au yaourt et au citron 146
Semoule de blé dur
Gâteau au yaourt et au citron 146
Sorbet au melon 148
Soupe d'artichaut froide 86
Soupe de haricots à l'agneau 89
Soupe de ramadan 127
Soupe verte aux légumes et au pain 86
Spaghetti à la viande hachée et sauce au yaourt 106
Sumac 13
Crème d'aubergines au yaourt 39
Foies de volaille à la turque 119
Kibbeh 126
Maquereaux farcis 136
Pita au sumac 61
Pizza turque à la viande hachée 62
Salade de légumes chauds 53
Salade d'oranges aux dattes 46

T

Taboulé 55
Tajine d'agneau aux coings 122
Tajine d'agneau aux pruneaux 122
Tajine de haricots blancs et boulettes de viande 88
Tajine de poulet aux olives et au citron confit au sel 114
Tamarin
Oignons au tamarin 45
Tchelo 100
Tomates 17
Aubergines aux tomates et à la grenade 77
Crème d'aubergines à la tomate 39
Poulet à la circassienne 116
Poulet et tomates au miel 116
Salade de tomates au piment 49
Salade de tomates rôties 49
Salade d'oranges et de tomates aux olives 47
Thon
Briouats farcis au thon 65
Kebabs de poisson aux oranges pimentées 140
Sandwich tunisien 62
Tourte à la viande hachée 69
Truites au four 136

V

Viande hachée
Boulettes de bœuf au riz 124
Briouats farcis à la viande hachée 64
Gratin de pâtes 109
Kebabs mixtes 125
Légumes farcis 82
Pâtes aux herbes et à la viande 108
Pizza turque à la viande hachée 62
Rouleaux de boulgour turcs 126
Tourte à la viande hachée 69
Soupe de yaourt aux boulettes de viande 105
Spaghetti à la viande hachée et sauce au yaourt 106
Tajine de haricots blancs et boulettes de viande 88
Veau
Kebab au wok 66
Pois chiches à l'épaule de veau 90
Pizza turque à la viande hachée 62

Y

Yaourt 10, 59 (recette)
Beignets aux courgettes 70
Betterave au yaourt 48
Crème au yaourt et à l'abricot 151
Crème d'aubergines au yaourt 39
Kebab au wok 66
Épinards au yaourt 42
Filets de poisson en sauce au sésame 139
Gâteau au yaourt et au citron 146
Gâteau de verdure 70
Glace à la pistache 149
Gratin de pâtes 109
Gratin de riz à l'aubergine 102
Manti 106
Œufs au plat sur lit de légumes 81
Pizza au fromage de brebis 62
Purée de pois chiches 87
Ragoût d'agneau au yaourt 121
Soupe d'artichaut froide 86
Soupe de concombre 86
Soupe de lentilles roses 91
Soupe de riz au yaourt 104
Soupe de yaourt aux boulettes de viande 105
Yaourt à la carotte et à l'aneth 43
Yaourt à l'eau (recette) 74
Yaourt au concombre et aux raisins secs 43
Yaourt aux figues et au miel 150
Yufka 15
Baklava 155
Briouats aux dattes 154
Briouats aux fruits 154
Briouats farcis à la viande hachée 64
Briouats farcis au poulet 65
Briouats farcis à la pomme de terre 65
Briouats fourrés aux amandes 155
Briouats farcis au thon 65
Tourte à la viande hachée 69 ;
Rouleaux au fromage de brebis 64
Tourte aux épinards et à la feta 69

Les auteurs

Sebastian Dickhaut
Idée et concept
Auteur des textes d'accompagnement

Cornelia Schinharl
Idée et concept
Auteur des recettes

Remerciements

Saïd Lamghari & Betty Gousset pour leur soutien en leurs conseils.
L'équipe du restaurant turc Seral, Orleansplatz 3 à Munich, pour nous avoir laissés prendre des photos pendant le coup de feu de midi.

Juscha & Hans Deumling qui nous ont aimablement prêté leur merveilleux appartement pour les photographies.
Notre « djinn » Patrick Panahandeh qui nous a révélé les secrets véritables de l'Orient.

من أين جئت
d'où viens-tu…
מאין אתה?

… Merci à Lahcen Ait-Lachgar et à Robert Botbol

Crédits photographiques

Figue en couverture : engels zahm + partner, agentur für kommunikation, Thomas Jancovic

Barbara Bonisolli : toutes les photos de recettes ; 17 saveurs de l'Orient page 8/9 (sauf les citrons confits au sel) ; 17 secrets des 1001 nuits (pipe à eau, jeu d'échecs, coussins) page 24 ; les photos des pages 41, 42, 43, 45, 53, 55, 64, 68, 78, 91 (lentilles), 101, 116, 117, 119, 139, 149 (pistaches), 151, 154 ; 4e de couverture (granité à l'orange et au citron vert, page 148).

Alexander Walter : toutes les photos people ; les photos des pages 3, 8 (citrons confits au sel), 25 (lampe), 34, 47, 48, 56, 61, 71, 77, 80, 81, 83 (allumettes), 89, 91 (dattes), 99, 100, 103, 105, 115, 118, 120, 126, 136, 140, 141, 147, 149 (découpage d'une orange), 152 ; 4e de couverture (modèle, théière).

Bettina Gousset : photos des pages 2, 4/5, 6, 7, 12, 14, 15, 16, 18, 19, 20, 22, 23, 24 (hormis les coussins, la pipe à eau et le jeu d'échecs), 25 (hormis la lampe), 28, 29, 31, 72, 83 (tomates), 92, 109, 110, 128, 142.

Direction : Dominique Raynal
Responsable éditoriale : Corinne Césano
Secrétaire d'édition : Serge Gras
Traduction-adaptation : Annick de Scriba et Pascale Hervieux
Réalisation : Dédicace, Villeneuve-d'Ascq
Mise en page : Nord Compo, Villeneuve-d'Ascq
Imprimé en Allemagne
ISBN : 2-263-03886-8
Code éditeur : S-03886-8
Dépôt légal : avril 2005